高等职业院校产业学院建设
与发展研究

张涛 著

北京燕山出版社

BEIJING YANSHAN PRESS

图书在版编目（CIP）数据

高等职业院校产业学院建设与发展研究 / 张涛著
. -- 北京 ：北京燕山出版社，2024.5
ISBN 978-7-5402-7218-0

Ⅰ．①高… Ⅱ．①张… Ⅲ．①高等职业教育一产学合作一研究一中国Ⅳ.①G718.5

中国国家版本馆 CIP 数据核字 (2024) 第 045170 号

高等职业院校产业学院建设与发展研究

著　　者　张　涛
责任编辑　李　涛
封面设计　刊　易
出版发行　北京燕山出版社有限公司
地　　址　北京市西城区椿树街道琉璃厂西街 20 号
电　　话　010-65240430
邮　　编　100052
印　　刷　明玺印务（廊坊）有限公司
开　　本　710mmx1000mm　　1/16
字　　数　253 千字
印　　张　16.125
版　　次　2025 年 4 月第 1 版
印　　次　2025 年 4 月第 1 次印刷
定　　价　80.00 元

前　言

　　高等职业院校产业学院的建设与发展是当前教育领域的重要课题之一。随着经济社会的快速发展和产业结构的转型升级，高等职业院校产业学院作为培养应用型人才的重要平台，承担着培养具有市场竞争力的专业人才的重要任务。

　　产业学院作为高等职业院校的分支机构，旨在通过与企业紧密合作，将产业需求与职业教育相结合，培养适应市场需求的高素质人才。产业学院的建设与发展不仅要与企业需求相匹配，还要与学院发展战略相契合，形成良好的产学研合作机制，提升人才培养质量和实践能力。基于此，本书就高等职业院校产业学院建设与发展展开深入探讨与研究。

　　本书共分为十四章展开论述，主要内容如下：

　　第一章为高等职业院校产业学院概述，在对产业学院的定义和背景进行简要阐述的基础上，介绍了产业学院的发展历程，分析了产业学院的作用和意义。

　　第二章为高等职业院校产业学院的组织结构与管理模式，在介绍产业学院的组织结构及职能划分的基础上，阐述了产业学院的管理模式及运行机制，以及产业学院与其他机构的合作形式。

　　第三章为高等职业院校产业学院的课程设置与教学模式，主要包括产业学院的课程设置原则、实践教学模式以及教学资源与设施支持。

　　第四章为高等职业院校产业学院的师资队伍建设，包括师资队伍的构成、培养与选拔机制、培训与继续教育以及激励机制与评价体系。

　　第五章为高等职业院校产业学院的实习实训与就业指导，包括产业学院的实习实训机制与规范、实习实训基地与资源支持以及就业指导与就业服务。

第六章为高等职业院校产业学院的科研与社会服务，包括科研方向与重点、科研平台与资金支持以及社会服务及成果转化。

第七章为高等职业院校产业学院的国际交流与合作，主要介绍国际交流与合作机制以及留学项目与合作学校。

第八章为高等职业院校产业学院的质量保证与评估，包括质量保证体系与标准以及教学评估与质量监控。

第九章为高等职业院校产业学院的校企合作与人才培养，主要介绍校企合作机制与模式、人才培养方案与路径以及人才供需对接与合作项目。

第十章为高等职业院校产业学院的创新创业教育，包括创新创业教育理念与目标、创新创业课程设置以及创新创业实践与支持措施。

第十一章为高等职业院校产业学院的网络教育与远程教育，主要介绍网络教育平台与资源建设以及远程教育模式与技术支持。

第十二章为高等职业院校产业学院的学生培养与综合素质提升，包括学生培养目标与要求、学生综合素质培养路径以及学生发展与支持措施。

第十三章为高等职业院校产业学院的社会责任与可持续发展，主要介绍社会责任理念与目标、环境保护与资源节约以及可持续发展战略与实践。

第十四章为高等职业院校产业学院未来的发展趋势与展望，主要分析了产业学院面临的挑战与机遇以及未来发展的重点与方向。

本书由张涛执笔撰写。由于时间仓促，加之水平有限，难免存在纰漏之处，恳请读者谅解。

目　录

第一章　高等职业院校产业学院概述

第一节　产业学院的定义和背景

一、产业学院的定义

产业学院是指在高等职业院校中设立的以特定行业或产业为背景，以培养适应该行业或产业需求的应用型人才为主要任务的学院。它以服务产业发展、推动产业升级为目标，通过与企业和行业的深度合作，将教育与实际生产紧密结合，为学生提供专业知识与实践技能相结合的教育培训。产业学院不仅注重学生的专业能力培养，还强调学生的综合素质提升，包括创新创业意识、人文素养、社会责任等方面的培养。

二、产业学院的背景

（一）产业升级与人才需求

随着经济的发展和产业结构的调整，各个行业对于高素质、高技能人才的需求日益增加，传统的教育模式已经无法满足产业发展的需要。产业学院的出现填补这一空白，通过专业化、应用化的教育模式，培养适应产业发展需求的人才。

产业升级意味着产业结构的变革和技术的进步，对人才的要求也将随之提升。传统的教育模式注重理论知识的传授，但在实践能力和综合素质方面存在欠缺。产业学院通过与企业和行业的深度合作，将学生培养与产业需求紧密结合起来，培养出更符合实际生产需要的人才。

产业学院注重学生的实践能力培养，通过提供真实的工作环境和实际的项目，使学生能够接触到实践操作和解决实际问题的机会。同时，注重培养学生的综合素质，如团队合作能力、沟通能力、创新思维等，以适应产业升级的要求。

（二）教育改革与创新

产业学院的建设是教育改革的一个重要举措。传统的高等职业院校主要注重专业技术培养，而产业学院在此基础上进一步加强了与产业的结合，更加注重实践能力的培养和综合素质的提升。

传统教育模式以教师为中心，将知识灌输给学生，重视理论知识的传授。然而，随着产业的发展，纸上谈兵的知识已经无法满足实际需求。产业学院通过与企业和行业的深度合作，将学生培养与产业需求紧密结合起来，使其具备实践能力。

产业学院还注重创新能力的培养。创新能力是产业发展和竞争力提升的关键因素。产业学院通过开设创新课程、组织创新实践活动等方式，培养学生的创新思维和解决问题的能力。

（三）国家政策与发展需求

产业学院的建设与发展也是国家政策的要求和发展需求的反映。中国经济正处于转型升级的阶段，各个行业都需要大量的高素质、高技能的人才来推动产业升级和创新发展。

政府意识到产业升级对人才需求的迫切性，出台了一系列政策来支持产业学院的建设和发展。政府加大了对产业学院的支持力度，给予资金、政策、人才等方面的支持，推动其快速发展。

国家的发展需求也催生了产业学院的建设。产业学院培养的高素质、高技能的人才能够为国家的经济发展提供有力支撑，推动各个行业实现升级和创新。

第二节　产业学院的发展历程

一、产业学院的起源

（一）职业教育的发展需求

产业学院的源可以追溯到职业教育的发展需求。随着中国经济的快速发展和产业结构的调整，社会对高素质、高技能的应用型人才的需求逐渐增加。传统的大学教育注重理论知识的传授，但在实际应用能力方面存在一定的不足。为了满足产业发展的需要，学校开始思考如何更好地培养符合产业需求的人才，于是产业学院的概念应运而生。

随着中国经济不断转型升级，传统产业逐渐被新兴产业所取代，对人才需求也发生了变化。新兴产业对高技能人才的需求远远超过了对传统产业的需求，需要具备更强的实践操作能力和创新思维能力的人才。为了适应这种变化，职业教育需要进行改革和创新。

（二）国外经验的借鉴

产业学院的起源还受到国外经验的借鉴。在世界范围内，德国的应用科学学院、美国的理工学院等已经建立了许多成功的产业学院。这些学院以产业为导向，注重与企业的密切合作，提供实践性教育，培养具备实际操作能力的应用型人才。他们与企业之间建立了紧密的合作关系，在实践环节中提供学生与真实工作场景接触的机会，使学生能够更好地将理论知识转化为实际应用能力。中国的产业学院的起步也受到了这些国外经验的启发。

国外经验告诉我们，产业学院的建设需要充分考虑产业需求和企业合作，注重实践教学和职业技能培养。只有紧密结合产业发展的实际需求，充分借鉴国际先进经验，才能培养出更符合市场需求的高素质人才。

（三）高等职业院校改革的推动

传统的高职院校在专业设置、教学方法等方面存在一定的局限性，无法完全满足产业发展对高水平、应用型人才的需求。

为了提高职业院校的办学质量和培养效果，各地纷纷探索建设产业学院，通过与企业的深度合作，推动高职教育从知识型向能力型转变。这种改革以产业需求为导向，强调实践教学、职业技能培养和创新能力培养。通过与企业的合作，高职院校可以更好地了解市场需求，调整专业设置和教学内容，使培养的人才更加符合产业发展的要求。

高等职业院校改革的推动也得到了政府的重视和支持。政府出台了一系列政策，鼓励高职院校与企业开展深度合作，提供资金支持和政策扶持，以促进产业学院的发展。

二、产业学院的发展阶段

（一）起步阶段

产业学院的起步阶段大约可以追溯到 21 世纪初。当时，一些地方的高等职业院校开始在传统专业教育的基础上，增设了产业学院，并与当地的重点产业进行合作。

这一阶段的产业学院规模相对较小，教学资源和师资力量有限，但也为后续的发展奠定了基础。起初，产业学院主要以培养应用型人才为目标，通过与企业的合作，将理论知识与实践操作结合起来，使学生能够更好地适应工作岗位的需求。

当时的产业学院注重行业对接，开设的课程主要涉及当地的重点产业，如汽车、电子、机械和建筑等。学院与企业建立了紧密的合作关系，通过合作办学、实习实训等方式，为学生提供更加实践性的教育环境。

（二）快速扩张阶段

随着社会对应用型人才的需求不断增加，产业学院得到了快速的发展。各地纷纷建设产业学院，涉及的行业也越来越广泛，涵盖汽车、电子、机械、建筑等多个领域。

在这一阶段，产业学院的规模迅速扩大，教学资源和师资力量也得到了一定程度的增加。学院开始注重自身建设，加强教师队伍的培养和引进，并逐步完善教师评价和激励机制，提高教师素质和教育教学水平。

为了更好地满足社会需求，产业学院加强与企业的合作。学院与企业签订合作协议，共同开展实践教学项目，为学生提供更多实践机会。同时，学院还积极组织学生参加各类技能竞赛和实习实训，提高学生的实际操作能力和创新能力。

（三）深化改革阶段

随着产业学院的规模不断扩大，一些问题和挑战也逐渐浮现。为了进一步提升产业学院的教育质量和培养效果，各地开始加强产业学院的内涵建设和教师队伍建设，推动课程体系改革和教学方法创新。

产业学院通过改革课程设置,调整专业结构,优化课程内容,提高教学质量。学院注重培养学生的实践能力和创新精神,鼓励学生参与科研项目和实践活动。

为了提升教师队伍的素质,学院加强师资培训,鼓励教师深入企业进行实践研究,掌握最新的行业动态和技术变化。同时,学院还积极引进优秀的教师和专家,提高教学水平和科研能力。

此外,学院还加强与企业的合作,探索建立更加紧密的产教融合机制。学院与企业共同开展产学研合作项目,通过联合实验室、企业讲座、实习基地等形式加强师生与企业的交流与互动。产业学院还积极参与行业协会和标准制定工作,推动产学研用一体化发展。

(四)国际交流与合作阶段

随着经济全球化的不断深入,产业学院也积极拓展国际交流与合作。一方面,产业学院邀请国外专家来校讲学,引进先进的教育理念和技术;另一方面,产业学院派遣教师和学生到国外高等教育机构进行交流学习。

这种国际交流与合作有助于提升产业学院的教育水平和国际竞争力。学院借鉴国外先进的教育经验和教学方法,不断改进自身的教育教学模式。同时,国际交流也为学生提供了更广阔的学习和发展机会,拓宽了他们的国际视野。

产业学院还积极参与国际合作项目,与国外高校合作开展科研合作、教师互访、学生交流等活动。这种国际合作不仅有助于学院的科研能力提升,也为学生提供了更广阔的就业和发展机会。

三、产业学院的重要里程碑

(一)产学研合作基地的建立

为了更好地推动产学研合作,加强产业学院与企业之间的联系,一些地方建设了产学研合作基地。这些基地提供了实践教学和科研平台,为学生提供更多的实践机会,并与企业共同开展技术研发和创新。

产学研合作基地是产业学院与企业之间密切合作的桥梁和纽带,它扮演着培养人才、促进科技创新和推动产业升级的重要角色。

首先,产学研合作基地提供了实践教学的平台。学生可以在基地中参与企业项目，与企业员工一起工作，接触到真实的工作环境和实际的问题。通过实践操作，学生能够将理论知识应用于实际，增强实践能力和解决问题的能力。

其次，产学研合作基地还是科研创新的重要场所。基地与企业合作开展技术研发和创新项目，通过共享资源和合作研究，推动科技成果的转化和应用。学生可以参与到这些科研项目中，与企业专家一起进行研究和探索，提升科研能力和创新思维。

产学研合作基地的建立不仅有利于学生的成长和发展，也对企业的发展和创新有着重要意义。基地与企业之间的紧密合作可以促进双方的资源共享、技术交流和人才培养。企业能够更好地了解和把握学生的学习状况和能力，为企业提供高素质、高技能的人才。

（二）人才培养模式的创新

产业学院在人才培养模式方面进行了很多创新尝试。一方面，注重培养学生的实践能力和创新精神，通过项目实训、实习实践等方式增强学生的实践能力。另一方面，开设职验室、工作坊等，学生可以在这里进行实践操作和实际工作，提高实际应用能力，更好地适应产业发展需求。

传统的教育模式以教师为中心，注重理论知识的传授，而忽视了实践能力的培养。产业学院通过加强实践教学，将学生与实际工作联系起来，学生能够在实践中掌握专业技能和提升解决实际问题的能力。

项目实训是一种重要的实践教学方式。学生通过参与真实的项目，与企业合作完成任务，锻炼自己的团队合作、沟通协调和问题解决能力。在这个过程中，学生能够更好地理解和应用所学的知识，提高实践能力。

此外，职验室和工作坊的建设也为学生提供了更多的实践机会。职验室是根据行业需求而创建的实践教学环境，学生可以在这里进行实际的操作和实验，掌握实际应用技能。工作坊则是模拟真实工作场景，学生可以在工作坊中进行实际工作，提高自己的实际工作能力。

通过这些创新尝试，产业学院能够更好地培养出适应产业发展需要的人才。学生不仅具备专业知识，还具备实践能力、创新精神和解决问题的能力。这样的人才能够更好地适应产业升级的需求，推动产业的发展和创新。

四、产业学院的现状和趋势

（一）产业学院的现状

目前，中国的产业学院发展迅速，已经成为高等职业教育的重要组成部分。产业学院与传统高职院校相比，更加注重与产业企业的深度合作，以提高学生的实践能力和就业竞争力。产业学院通过与企业建立紧密的合作关系，深入了解产业发展的需求，旨在培养适应产业发展需要的高素质人才。

首先，产业学院与产业企业之间建立了长期稳定的合作关系。产业学院与企业合作的模式多种多样，包括联合办学、实训基地建设、校企合作研究等。这种深度合作使得学生能够更好地接触真实工作环境，进行实践操作，提升实际应用能力。

其次，产业学院注重培养学生的创新精神和创业意识。为了培养学生的创新能力和创业意识，产业学院积极推动创新创业教育，提供相关的培训和支持。学生有机会参与各类创新项目和创业实践，锻炼解决问题的能力和创新思维。

此外，产业学院的专业设置也更加贴近产业需求。不同地区的产业学院根据当地产业发展的实际情况，调整专业设置，开设与产业紧密相关的课程，涵盖了汽车、电子、机械、建筑等多个领域，为学生提供更多选择和发展机会。

（二）产业学院的趋势

未来，产业学院将继续发展壮大，并面临以下几个趋势：

1.深化产教融合

产业学院将进一步深化与企业的合作关系，加强产学研融合。通过与企业紧密合作，将教育与产业需求更紧密地结合起来，为产业提供高素质的应用型人才。具体而言，实施深化产教融合的措施包括但不限于以下几个方面：

首先，建立稳定的产学研合作机制。产业学院与企业之间将建立长期稳定的合作关系，共同探索适合双方发展需求的合作模式。通过制定合作协议和合同，明确双方的权责和利益分配，在合作过程中形成互利共赢的局面。

其次，加强产业导向的教学设计。为了更好地满足产业的需求，产业学院将深入了解各行各业的发展趋势和技术需求，将这些信息融入课程设置和教学内容中。通过调整课程结构、更新教材和引入前沿技术,培养学生所需的专业知识和技能,使其能够胜任未来工作岗位的要求。

再次,加强产学研一体化实践平台建设。为了促进学生的实践能力和创新思维的培养,产业学院将建立完善的产学研一体化实践平台。通过与企业合作开展项目实训、实地考察、实习实践等形式,让学生亲身参与实际工作中的问题解决和创新实践,提升他们的实际操作能力和问题解决能力。

最后,建立产学研合作成果转化机制。产业学院将加强对科研成果的转化和应用推广工作,鼓励教师和学生积极参与科研项目和技术开发,将研究成果转化为实际产品和技术,服务于产业发展。同时,产业学院还将支持学生创新创业项目的孵化和推广,为学生提供实现创意和商业化的平台和资源。

2.推进课程体系改革

产业学院将加强对课程体系的改革和创新。注重培养学生的实践能力和创新思维,使其更好地适应产业发展的需求。具体措施如下:

首先,优化课程设置。产业学院将根据产业发展的需要和学生的职业发展规划,对现有的课程体系进行重新评估和调整。通过精简冗余课程、增加实践性课程以及引入新兴技术和知识领域的课程,确保学生所学的内容与产业需求相匹配。

其次,加强实践教学和项目实训。除了传统的理论课程外,产业学院将加大对实践教学和项目实训的投入。通过与企业合作开展实际项目,让学生在实践中学习和运用知识,增强他们的问题解决和团队合作能力。

再次,推行跨学科教学模式。为了培养具备综合素质和跨学科能力的人才,产业学院将鼓励跨学科的教学模式。通过跨专业的课程设置和教学团队的合作,培养学生的综合能力和创新思维,提高他们在跨领域工作中的适应性。

最后,强化评价和反馈机制。为了确保课程改革的有效性和持续性,产业学院将建立科学的评价和反馈机制。通过定期的课程评估、学生调查和毕业生追踪等方式,了解学生对课程的满意度和实际收益,并及时对课程进行调整和改进。

3.加强教师队伍建设

产业学院将加大对教师队伍的培养和引进力度。提高教师的专业水平和实践经验,为学生提供更好的教学质量和指导。具体措施如下:

首先，加强师资培养与提升。产业学院将建立健全教师培训和发展体系，通过定期的专业培训、学术交流和实践经验分享，提高教师的学科素养和教学能力。鼓励教师参与学历继续教育，提升教师的学历层次和专业背景。

其次，引进优秀人才。为了丰富教师队伍的结构，产业学院将积极引进国内外优秀的教育和产业界人才。通过制定有竞争力的教师引进政策和提供良好的工作环境和待遇，吸引高水平的教师加入产业学院的教学团队中。

再次，鼓励教师参与产学研合作。产业学院将鼓励教师积极参与产学研合作项目，与企业开展深入合作，增强教师的实际应用能力和产业洞察力。通过参与实际项目，教师能够拓宽自己的视野，积累实践经验，并将这些经验与学生进行分享和传授。

最后，建立教师激励机制。为了激励和鼓励教师的积极性和创造性，产业学院将建立科学合理的教师激励机制。通过设立教学优秀奖励、科研项目支持、职称评定等激励方式，激励教师不断提高教学水平和科研能力。

通过加强教师队伍建设，产业学院能够培养出高素质的教师，为学生提供更好的教学质量和指导。同时，优秀的教师队伍也将为产学研融合提供坚实的师资支持，推动学校与企业的深度合作，实现优质教学和产业发展的有机结合。

4.拓展国际交流与合作

随着经济全球化的深入，产业学院将积极拓展国际交流与合作，以提升教育水平和国际竞争力。具体措施如下：

首先，引进国外先进教育理念和技术。产业学院将积极引进国外先进的教育理念、教学方法和教育技术。通过与国外高校和教育机构的合作，学习借鉴其成功经验，不断提升教育水平和教学质量。

其次，推动师生交流与访问。产业学院将积极组织教师和学生与国外高校进行交流和访问。通过参加学术研讨会、教学访问交流等活动，增进师生之间的相互了解和学术合作，拓宽视野，提高学术和教学水平。

再次，加强国际合作项目开展。产业学院将积极开展与国外高校和企业的合作项目。通过共同申请科研项目、联合开展教学项目等方式，促进双方在教学、科研和人才培养方面的合作，实现资源共享、优势互补。

最后，建立国际化教育平台。为了提供更好的国际教育服务，产业学院将建立国际化教育平台。通过建设国际交流中心、提供留学项目和国际合作学位等举措，为学生提供更多国际化的学习机会和资源支持，提高他们的国际视野和竞争力。

第三节　产业学院的作用和意义

一、促进产业升级和转型

（一）加强技术创新，推动产业技术升级

为了推动产业的技术升级，产业学院需要采取一系列措施来加强技术创新。

首先，增加对科研机构和高校的投入。通过加大资金和资源的投入，鼓励科研机构和高校加强与企业的合作，共同开展技术研发项目。这样可以促进科学研究成果的转化和应用，推动产业技术的升级与创新。

其次，建立完善的知识产权保护制度。知识产权的保护对于技术创新尤为重要。通过建立健全的法律体系和监管机制，加强对技术创新成果的保护，给企业提供稳定的创新环境，激励他们进行技术创新。

最后，引进国外领先的技术和人才。通过引进先进的技术和人才，可以促进技术的跨国转移和交流，提升我国产业的竞争力。可以通过设立专门的引进人才计划，吸引国外优秀的科学家、工程师和创新人才来我国工作和创业，为产业技术升级注入新的动力。

（二）优化产业结构，实现产业转型

为了实现产业的转型升级，产业学院可以采取一些措施来优化产业结构。

首先，大力发展战略性新兴产业。新兴产业具有较高的增长潜力和创新能力，可以成为未来经济增长的重要引擎。通过加大对新兴产业的支持力度，包括财政补贴、税收优惠等政策，鼓励企业在新兴产业领域进行投资和创新。

其次，推动传统产业朝高端、智能化方向发展。传统产业在面临市场竞争和技术进步的挑战时，需要进行技术改造和升级。可以通过引进先进的生产设备和工艺，加强研发和创新，提高产品质量和附加值，使传统产业能够适应新的市场需求。

（三）加强人才培养，推动产业升级

为了推动产业的升级，产业学院需要加强人才培养，培养适应产业需求的专门人才。

首先，建立完善的人才培养体系。通过与企业的合作，共同制定人才培养目标和课程设置，确保教育内容与产业需求相匹配。可以开设专业课程和实践项目，提供学生所需的技能和知识，培养具备实践能力和创新精神的人才。

其次，加大对技能人才的培训力度。技能人才是产业发展不可或缺的重要力量。可以通过举办职业培训班、技能竞赛等方式，提高技能人才的职业技能水平，增强他们在产业中的竞争力。

最后，推动职业教育和高等教育的深度融合。传统的职业教育和高等教育存在一定的割裂现象，需要进一步整合资源，打破壁垒，培养更多具有创新意识和实践能力的人才。可以鼓励高等院校和职业学校开展合作，建立联合培养计划，为学生提供更多的学习和发展机会。

二、服务地方经济发展

（一）制定区域发展规划，明确发展目标

为了促进地方经济的发展，产业学院可以制定区域发展规划，明确发展目标。

首先，需要对地方的资源禀赋和优势产业进行全面调研和评估，确定地方经济发展的重点方向。这意味着要根据当地的自然条件、人力资源、科技实力和市场需求等因素，确定适合该地发展的产业和项目。

其次，需要制定相应的政策措施，支持地方经济的发展。政策的制定应该从多个方面入手，包括产业支持政策、财税金融政策、人才引进政策等。例如，可以给予新兴产业和战略性产业以税收优惠和财政补贴，吸引更多的资金和人才投入到这些领域。同时，政府还应该加大对企业的支持力度，提供便利的创业环境和政策保障，鼓励企业增加投资和创新活动。

最后，加强对地方政府的指导和监督，确保规划的有效执行。这需要建立健全的考核机制和监管体系，明确责任，厘清权责关系，推动地方政府积极履行职责，加大对规划实施的投入和推动力度。

通过制定区域发展规划，明确发展目标，产业学院可以提高地方经济发展的整体水平，实现经济的高质量发展。

（二）促进城乡经济一体化发展

为了促进城乡经济的一体化发展，产业学院可以采取以下措施：

首先，加大对农村经济的支持力度，推动农业现代化和农村产业发展。农业是我国的基础产业，发展农村经济对于推动城乡经济一体化至关重要。政府可以加大对农业科技研发和农产品加工的支持力度，提高农业生产效率和农产品附加值，增加农民收入。同时，还应该建立健全农产品流通体系，加强农产品品牌建设和营销，拓展农产品的市场渠道。

其次，加强农村基础设施建设，改善农村的生产条件和生活环境。农村基础设施建设是促进城乡经济一体化的重要保障。政府可以加大对农村交通、水利、能源等基础设施建设的投入，改善农村的交通条件和生产环境，提高农产品的市场竞争力。

最后，鼓励城市企业到农村投资兴业，促进城乡经济的良性互动。政府可以出台相应政策，支持和引导城市企业到农村开展农产品加工、农业科技推广、休闲旅游等领域的投资和合作。这样可以促进农村地区的产业升级和农民收入增加，同时也可以为城市企业提供更多的发展机会和市场空间。

通过以上措施，产业学院可以促进城乡经济的协调发展，实现全面建成小康社会的目标。

（三）加强对中小微企业的支持

中小微企业是我国经济的重要组成部分，对于地方经济的发展具有重要作用。为了支持中小微企业的发展，产业学院可以采取以下措施：

首先，建立健全金融体系，提供更加便利和灵活的融资服务，解决中小微企业融资难的问题。政府可以引导和支持金融机构加大对中小微企业的信贷支持力度，降低融资成本，提高融资便利性。同时，还可以推动构建多层次、多样化的融资体系，丰富中小微企业的融资渠道，提供更多元化的金融产品和服务。

其次，推动减税降费政策，减轻企业负担。中小微企业普遍面临着税费负担重、税收优惠政策适用难等问题。政府可以进一步降低中小微企业的税务负担，提高税收优惠政策的透明度和落地执行情况，确保中小微企业能够享受到相应的税收优惠政策。

最后，加强对中小微企业的培训和指导，提升他们的管理水平和创新能力。政府可以组织开展针对中小微企业的培训活动，提供管理咨询和创新服务，帮助企业解决经营管理、技术创新、市场拓展等方面的问题。此外，还可以加强中小微企业之间的合作交流，建立合作平台和资源共享机制，促进企业间的合作创新。

通过以上措施，产业学院可以为中小微企业创造更加良好的发展环境，促进地方经济的快速发展。

（四）推动产城融合，促进城市发展

产业与城市的融合发展是推动城市经济持续增长和提升竞争力的重要举措。为了实现产城融合，促进城市的发展，产业学院可以采取以下措施：

首先，加强城市规划和土地利用管理，实现产业和城市的有机融合。政府应该根据城市产业发展的需要，制定科学合理的城市规划和土地利用政策，提高土地利用效率，确保产业和城市的有序发展。同时，还应该注重提升城市的环境质量和生活品质，改善城市的人居环境，吸引更多人才和资金的流入。

其次，提升城市的功能和品质，吸引人才和资金的集聚。政府可以加大对重点产业和战略性新兴产业的扶持力度，培育和引进高端人才，打造具有核心竞争力的产业集群。同时，还应该加强城市文化建设，提供多元化的文化和娱乐设施，增加城市的软实力和吸引力。

最后，加强城市基础设施建设，提高城市的服务水平和竞争力。政府可以加大对城市交通、水利、能源等基础设施的投资，提升城市的交通便利性、供水供电可靠性和环境治理能力。同时，还应该加强城市信息化建设，推动智慧城市的发展，提高城市的管理效率和服务水平。

通过以上措施，产业学院可以推动城市的可持续发展，提升地方经济的整体水平。产城融合不仅可以促进城市经济的发展，还可以改善居民的生活质量，实现经济、社会和环境的协同发展。

三、提高就业质量和就业率

（一）加大就业政策支持力度

为了促进就业，产业学院可以采取以下措施来加大对就业政策支持力度：

首先，推动创业就业。可以通过设立创业培训机构和提供创业资金的方式，为有创业意愿和能力的人提供全方位的创业支持。创业培训机构可以提供创业知识和技能的培训，帮助创业者制订切实可行的创业计划，提供管理和运营方面的指导。同时，还可以设立创业基金，为创业者提供启动资金和贷款担保等支持，降低创业风险，鼓励更多人自主创业就业。

其次，加强职业培训。可以通过建设职业培训中心和开展职业技能培训班的方式，提高劳动者的技能水平和就业竞争力。职业培训中心可以提供系统化的职业培训课程，针对不同行业和岗位需求，进行专业化、定制化培训。此外，还可以与企业合作，开展实训和实践活动，提供更加实际的职业技能培养。

最后，推动灵活就业和远程办公模式的发展。灵活就业是指根据劳动力的需要和个人意愿，选择不同的工作时间、工作地点和工作形式进行就业。远程办公模式是利用信息技术手段，在不受地理限制的情况下进行工作。这两种方式可以帮助解决就业的地域限制和时间限制问题，提高就业的灵活性和便利性，为更多人创造就业机会。

（二）促进跨地区就业平衡

为了促进跨地区就业平衡，产业学院可以采取以下措施：

首先，加强跨地区劳动力资源的调配。可以通过建立劳动力市场信息共享平台，及时了解各地区的用工需求和劳动力供给情况，促进劳动力的有序流动。在用工荒的地区，可以加大对外来劳动力的引进力度；在劳动力过剩的地区，可以鼓励劳动者到其他地区就业。同时，还可以加强跨地区劳动力交流和合作，为劳动力提供更多就业机会。

其次，加强对农民工和留守儿童的关爱和支持。农民工和留守儿童是跨地区就业的重点群体，他们面临着探亲困难、子女教育问题等挑战。可以加强对农民工和留守儿童的关爱和帮扶，提供更好的子女教育和社会保障服务，鼓励他们稳定就业和居住在工作地。

（三）加强劳动力市场监管和服务

为了加强劳动力市场监管和服务，产业学院可以采取以下措施：

首先，建立健全就业服务体系。可以建立就业服务中心或就业指导机构，为求职者提供一站式就业服务。这些机构可以提供职业咨询、职业培训、就业信息和招聘服务等支持，帮助求职者更好地了解就业市场、提升就业能力，找到合适的工作岗位。

其次，加强劳动力市场的监管工作。可以加大对用人单位的监督检查力度，维护劳动者的合法权益。特别是要打击用工歧视和违法用工行为，保障劳动者的平等就业权益。同时，还可以加强对雇主的引导和监督，鼓励他们提供良好的工作环境、合理的薪酬待遇和完善的福利制度。

（四）推动产业结构调整，创造更多就业机会

为了创造更多就业机会，产业学院可以采取以下措施：

首先，加大对新兴产业和高技术产业的支持力度。新兴产业和高技术产业具有较高的增长潜力和就业吸纳能力。可以通过设立产业基金、提供税收减免等方式，鼓励企业加大技术创新和研发投入，培育新的经济增长点和就业增长点。同时，还可以加强与高校和科研机构的合作，促进科技成果转化和产业化，推动高技术产业的快速发展。

其次，推动传统产业的转型升级。可以通过产业升级补贴、技术改造支持等方式，提高传统产业的竞争力和附加值，创造更多的高薪岗位和高质量就业机会。可以鼓励企业加大技术改造和设备更新，提高生产效率和产品质量，增加对技术工人的需求。同时，还可以促进传统产业与新兴产业的融合发展，利用新技术和新模式推动传统产业的转型升级，创造更多就业机会。

最后，加强对服务业的支持。服务业是一个就业密集型行业，具有较高的就业增长潜力。可以通过减税降费、融资支持等方式，促进服务业的发展。可以在旅游、文化、医疗、教育等领域推动服务业的创新发展，增加服务业的就业岗位。

四、培养适应产业需求的专门人才

（一）优化教育体系，提高人才培养质量

为了提高人才培养质量，产业学院可以采取以下措施来优化教育体系：

首先，推动职业教育与高等教育的深度融合。传统的职业教育和高等教育存在一定的分割，导致学生在实践能力和创新意识方面的欠缺。可以通过建立联合培养计划、开设职业技能课程等方式，使职业教育与高等教育相互补充，为学生提供全面的知识和技能培养。

其次，加强课程设置和教学方法的改革。要紧密结合实际需求，关注产业发展趋势，及时调整和更新课程内容。同时，也要注重培养学生的实践能力和创新意识，引入项目式教学、实验实训等教学方法，让学生在实践中学习、探索和创新。

最后，加大对教师队伍的培训力度。教师是人才培养的重要环节，他们的教学能力和专业水平直接影响学生的学习效果和综合素质提高。可以举办教师培训班、开展教育研讨活动，提供更新的教学理念和方法，不断提升教师的专业能力和创新意识。

（二）加强产学研合作，提升人才培养实效

为了提升人才培养的实效性，产业学院可以加强产学研合作，促进理论与实践的结合。

首先，加大对产学研合作项目的支持力度。政府可以提供资金和政策支持，鼓励企业与高校、科研机构合作开展科技创新和人才培养项目。通过共同研究和开发，学生可以接触到真实的工作场景和问题，提升他们的实践能力和解决问题的能力。

其次，建立双向选择的人才培养机制。学校可以与企业签订合作协议，明确双方的责任和权益，使学生在校期间能够参与实际项目的研究和开发。企业也可以提供实习机会和就业岗位，为学生提供实践锻炼和就业机会。通过这种双向选择的机制，可以使理论学习与实践环节相结合，培养具有实践经验和创新能力的人才。

最后，加强对实习和就业的指导和服务。学校可以设立就业指导中心，为学生提供职业规划、求职技巧等方面的指导。同时，也可以与企业建立紧密联系，了解其需求，并将学生的就业意愿和企业岗位需求进行有效对接。这样可以帮助学生更好地适应产业需求，提升人才培养的实效性。

（三）鼓励创新创业，培育创新型人才

为了培育创新型人才，产业学院可以采取以下措施来鼓励创新创业：

首先，建立创新创业教育体系。学校可以开设相关的创新创业课程，为学生提供创新创业的基础知识和技能培训。同时，可以组织创新创业讲座、论坛等活动，邀请成功创业者和专业人士分享经验和案例，激发学生的创新创业热情。

其次，加大对创新创业项目的资金支持。政府可以设立创新创业基金，为创业者提供启动资金和风险投资。同时，可以鼓励银行和投资机构增加对创新创业项目的支持，降低融资门槛，为创业者提供更多的资金支持。

再次，可以建立创新创业孵化器和科技企业孵化基地。这些机构可以为创业者提供场地、设施和专业指导，帮助他们顺利开展创业活动。同时，也可以帮助创业者寻找合作伙伴、获取市场资源，推动创新成果的转化和应用。

最后，加强知识产权保护和技术转移服务。创新需要有良好的知识产权保护环境，才能吸引更多的人才和资本投入。政府可以加大对知识产权保护的力度，完善相关法律法规，加强执法力度。同时，可以建立技术转移机制，促进科研成果的商业化和产业化。

第二章 高等职业院校产业学院的组织结构与管理模式

第一节 产业学院的组织结构及职能划分

一、产业学院的组织架构

（一）管理层

管理层是产业学院的核心组成部分，由学院院长、副院长和各个职能部门的负责人组成。他们共同负责学院的决策和制定发展战略。

学院院长是学院的最高领导，负责总体规划、决策和管理。他需要制定学院的长期发展目标，并制定相应的发展策略和计划。院长还需要与内外部合作伙伴建立良好关系，推动学院的发展和影响力的提升。

副院长是院长的助手，协助院长处理学院的日常事务和决策。副院长通常分工明确，可以负责特定的职能部门或项目，同时也参与制定学院的发展战略。

各个职能部门的负责人是学院管理层的重要成员，他们负责领导和管理各个部门的工作。例如，教务处负责学院的教学工作，科研处负责学院的科研工作，人事处负责学院的人事管理工作，学生工作处负责学生的管理和服务工作，招生与就业处负责学生的招生和就业安排等。

（二）教师团队

教师团队是产业学院的教学骨干，由一支高水平的教师队伍组成。他们具有专业的学术背景和丰富的实践经验，能够为学生提供优质的教学和指导。

教师团队负责教授相关课程，将学科知识传授给学生，并引导学生进行学术研究和实践项目。他们还需要不断更新教学内容和方法，适应产业发展和学科变革的需要。

教师团队可以按照学科专业进行划分，每个学科专业设立一位学科带头人，负责该学科的教学和科研工作。学科带头人需要具备较高的学术水平和领导能力，带领学科团队开展重要的学术研究和科研项目。

教师团队还参与学院的教学评估和课程改革，积极探索创新的教学模式和方法，提高教学质量和学生的综合素养。

（三）学生管理部门

学生管理部门是产业学院的重要组成部分，负责学生的日常管理和服务工作。他们关注学生的学习、生活和发展，提供全方位的支持和指导。

学生管理部门负责学生招生工作，制定招生政策和计划，开展宣传和选拔工作。他们还负责学生的培养和管理，包括课程安排、学分管理、学业指导等。

学生管理部门还关注学生的心理健康和综合素养的培养，组织开展各种形式的学生活动，提供学生奖助学金和勤工助学等支持，帮助学生解决学业和生活中的问题。

此外，学生管理部门还负责学生就业指导和职业规划，与相关产业企业建立合作关系，为学生提供就业机会和职业发展支持。他们需要密切关注就业市场的变化和需求，为学生提供准确的就业信息和指导。

（四）实践教学中心

实践教学中心是产业学院的实践基地，致力于将理论知识应用于实践，并提供丰富的实践机会和项目。

实践教学中心与相关产业企业合作，建立实习、实训、科研和创新项目等机制，为学生提供实践机会和平台。学生可以通过参与实践项目，将所学的理论知识运用到实际工作中，提升实践能力和职业素养。

实践教学中心还负责组织实践教学活动，如企业参观、实地调研等，拓宽学生的视野和实践经验。他们也负责与产业企业建立合作关系，促进产学合作，推动科技创新和产业发展。

实践教学中心需要密切关注产业发展的趋势和需求，不断更新实践项目和活动内容，提供与时俱进的实践教育。

通过上述组织架构和职责划分，产业学院能够有效地进行管理和运营，为学生提供优质的教育和培养服务，同时与产业企业紧密合作，促进产学研结合，推动产业发展。

二、产业学院各职能部门的职责划分

（一）教务处

教务处负责学校的教学管理和教学工作，主要职责包括：

1.制订教学计划

教务处负责制订全校的教学计划，包括各学期的课程设置、开课安排等，确保教学工作的有序进行。

2.安排课程表

教务处根据教学计划和师资资源，编排学生的课程表，合理安排课程时间和教学资源，确保学生能够按时完成各门课程的学习。

3.组织考试评估

教务处组织和管理各类考试，包括期中考试、期末考试、补考等，负责考试安排、监考人员的选派和成绩的统计与发布。

4.学籍管理

教务处负责学生学籍的管理，包括学生注册、转专业、休学、退学等手续的办理，保障学生学籍信息的准确性和完整性。

5.教学质量监控

教务处负责对教学质量进行监控和评估，开展教学检查和教师评教工作，收集学生和教师的意见和建议，推动教学改进。

（二）科研处

科研处是学校负责科学研究管理的部门，主要职责包括：

1.科研项目管理

科研处负责组织科研项目的申报、立项、执行和结题验收工作，协助教师申请各类科研项目资金，推动科研项目的顺利实施。

2.学术交流与合作

科研处组织学术研讨会、学术报告等活动，促进学术交流与合作，提升学校的学术影响力。

3.科研成果转化

科研处负责引进和推广其他高校或研究机构的科研成果，促进科技创新和产学研合作，推动科研成果的转化和应用。

4.培养科研人才

科研处指导和培养学生的科研能力，鼓励学生参与科研项目和学术竞赛，提高其科研水平和创新能力。

5.科技管理与政策支持

科研处负责制定和实施学校的科技管理政策，为教师和科研人员提供科技管理和政策支持。

（三）人事处

人事处是学校负责人事管理的部门，主要职责包括：

1.人员招聘与录用

人事处负责制定教师和行政人员的招聘政策和程序，组织招聘工作，包括发布招聘信息、组织面试等，确保岗位人员的合理配置。

2.岗位聘任与管理

人事处负责对已有的教师和行政人员进行岗位聘任和管理。具体包括以下方面：

岗位聘任：根据工作需要和招聘政策，人事处会对适合的候选人进行聘任，确保岗位人员的合理分配。

岗位调配：根据工作需要和人员实际情况，人事处可能会对员工进行调岗或岗位调整，以最大化资源利用和工作效率。

岗位变动管理：人事处负责处理员工的岗位变动，如晋升、降职、调离等，确保岗位变动符合学校制度和规定，并且公平合理。

岗位评估与激励：人事处会对岗位进行评估和激励，根据员工的工作表现和贡献，给予相应的奖励或晋升机会。

岗位离职与退休：人事处负责处理员工的离职手续和退休事宜，确保按照法律法规和学校规定办理相关手续，并妥善处理离职员工的相关权益和福利。

（四）学生工作处

学生工作处负责学生的生活和发展管理工作，包括学生宿舍管理、团委工作、学生活动组织和心理健康教育等。学生工作处还负责学生奖助学金、勤工助学和就业指导等工作，为学生提供全方位的支持和帮助。

（五）招生与就业处

招生与就业处负责学院的招生工作和毕业生的就业安排。招生与就业处需要制定招生政策和计划，开展招生宣传和选拔工作，协助学生规划个人发展和就业方向，并与相关产业企业建立合作关系，为学生提供就业机会和职业发展支持。

第二节　产业学院的管理模式及运行机制

一、产业学院的管理模式

（一）学院目标与愿景

产业学院的目标与愿景是指学院长期发展的目标和追求的理想状态。学院需要明确自身的使命和宗旨，确定提供什么样的教育服务，以及面向哪些学生群体。具体来说，学院的目标与愿景可以包括以下几个方面：

1.提供优质的教育服务

产业学院的目标是提供高质量的教育服务，培养具备创新思维和实践能力的人才。学院可以通过优秀的师资力量、先进的教育资源和创新的教学方法，为学生提供全面发展的教育。

2.结合产业需求

产业学院的目标是与相关产业紧密结合，深入了解产业发展的需求，培养适应产业发展要求的专业人才。学院可以与产业企业建立良好的合作关系，开展产学研项目，为学生提供实践机会和平台。

3.培养创新创业人才

产业学院的目标是培养具备创新创业意识和能力的人才，为产业发展注入新的活力。学院可以通过创新创业教育、创新实践项目和创新创业孵化器等方式，培养学生的创新创业能力。

4.提升行业影响力

产业学院的目标是成为行业的领军者和重要参与者，提升学院的学术和专业影响力。学院可以重点发展一些优势学科，并加强学术研究和学术交流，积极推动学科的发展和创新。

（二）组织结构与领导层

产业学院的管理模式需要建立合理的组织结构和领导层。学院可以设立各个职能部门，如教学部门、行政部门、科研部门、实践教学中心等，根据各部门的职责进行划分和组织。

在组织结构中，需要明确各部门之间的协作关系和沟通渠道，建立良好的内部合作机制，促进信息共享和资源整合。同时，也需要设立适当的职能岗位，明确各岗位的职责和工作内容。

在领导层方面，学院需要有一名院长作为学院的最高管理者，负责总体规划、决策和管理。此外，可以设立副院长等职位，协助院长处理学院的日常事务和决策。各个职能部门也需要有相应的负责人，负责领导和管理各个部门的工作。

通过合理的组织结构和领导层设置，学院能够实现有效的协作与沟通，促进学院的整体发展和目标的实现。

（三）人力资源管理

人力资源管理是产业学院管理模式中重要的一环。学院需要建立科学的人力资源管理体系，包括以下几个方面：

1.招聘与选拔

学院需要制定合理的招聘与选拔机制，确保吸引到优秀的教师和员工。招聘过程中可以采用多种方式，如招聘会、面试考核等，评估应聘者的专业能力和适应能力。

2.培训与发展

学院需要为教师和员工提供持续的培训和发展机会，提升其专业能力和管理水平。培训形式可以包括内部培训、外部培训、学术交流等，以满足不同层次和岗位的需求。

3.激励机制

学院需要建立合理的激励机制，包括晋升机制、职称评定、奖励制度等。通过激励措施，可以激发教师和员工的积极性，提高工作效率和质量。

4.绩效评估与管理

学院需要建立科学的绩效评估与管理制度，对教师和员工进行定期评估和反馈，及时发现问题和提供改进方案。

通过科学的人力资源管理，学院能够吸引和留住优秀的教师和员工，为学院的发展提供人才支持。

（四）财务管理与预算控制

财务管理是产业学院管理模式中必要的一环。学院需要建立健全财务管理体系，确保资金的合理运用和经济运作的稳定。具体来说，可以采取以下措施：

1.财务预算

学院需要制定财务预算，明确收支情况和资金需求，合理规划财务活动。

2.收支监控与控制

学院需要建立有效的收支监控机制，定期对财务状况进行监控和控制。可以通过建立财务管理系统，对每笔收入和支出进行记录和核对，及时发现异常情况并采取相应的措施。

3.资金运用与投资

学院需要根据财务状况和发展需求，合理运用和投资资金。可以考虑将一部分资金用于优化教育资源、改善设施条件、引进先进技术等方面，提升学院的教育质量和竞争力。

4.财务报告与审计

学院需要定期编制财务报告，对财务状况进行全面、准确的披露。同时，可以委托专业机构进行财务审计，确保财务报告的真实性和合规性。

通过健全的财务管理与预算控制，学院能够实现资金的有效利用和经济运作的稳定，为学院的发展提供必要的资金支持。

二、产业学院的运行机制

（一）课程设置与教学质量保障

产业学院的运行机制需要关注课程设置和教学质量保障。在课程设置方面，学院应根据市场需求和行业发展趋势，合理设计并更新课程，以满足学生的学习需求和培养目标。

首先，学院可以开设专业性强、与产业发展密切相关的课程。通过与相关企业和行业协作，了解市场需求和前沿技术，学院可以及时调整课程内容，使之紧密结合实际应用。

其次，学院可以注重跨学科的课程设置。产业发展日新月异，学生需要具备多领域的知识和技能。因此，学院可以将不同专业的课程进行整合，组织跨学科的教学活动，培养学生的综合素质和创新能力。

最后，学院应建立教学质量评估体系，对教学过程和结果进行监控和评估，确保教学质量达到预期目标。具体来说，可以采取以下措施：

1.设立教学质量监控机构或委员会，负责评估教师的教学能力和教学效果，对教师进行培训和指导。

2.定期开展课堂教学观摩活动，促进教师之间的互相学习和交流，共同提高教学质量。

3.开展教学满意度调查，了解学生和家长对教学内容、教学方法和教师的评价，并根据反馈意见进行改进。

4.建立学生学习档案，记录学生的学习状况和成绩情况，并及时与学生和家长沟通，提供个性化的学习辅导和指导。

5.加强教师培训，提高教师的教学水平和专业能力，引入先进的教学方法和技术，提升教学质量。

通过以上措施，产业学院可以确保教学内容与市场需求相匹配，教学质量得到有效保障，为学生提供优质的教育教学环境。

（二）学生管理与服务

产业学院的运行机制需要注重学生管理与服务。学院应建立完善的学生管理制度，包括招生录取、学籍管理、学生评价等方面，以确保学生的全面发展和个人成长。

首先，学院可以制定招生政策和招生计划，明确招生对象、录取标准和程序，确保招生过程的公平、公正和透明。同时，可以开展招生宣传活动，向社会各界介绍学院的特色和优势，吸引优秀的学生报考。

其次，学院应建立健全学生管理体系，包括学生档案管理、学籍注册、班级管理等方面。其中，学生档案管理是基础，需要详细记录学生的个人信息、学习成绩和奖惩情况，为教务处、学生工作处等部门提供参考和依据。

最后，学院可以提供学生支持服务，如就业指导、实习安排等，帮助学生更好地实现个人发展目标。具体来说，可以采取以下措施：

1.开展职业生涯规划教育，引导学生了解不同行业的就业形势、职业要求和发展前景，帮助他们制订个人职业发展计划。

2.提供就业指导和求职技巧培训，包括简历撰写、面试技巧、职业规划等方面，帮助学生提升就业竞争力。

3.与相关企业和机构建立实习基地和实践基地，为学生提供实践机会和实际工作经验，促进理论与实践的有机结合。

4.设立学生奖学金和助学金制度，鼓励优秀学生继续努力，同时帮助困难学生克服经济困难，保证其顺利完成学业。

通过以上措施，产业学院可以全面关注学生的学习、生活和发展需求，提供个性化的学生服务，培养具有良好职业素养和专业技能的人才。

（三）科研与技术创新

产业学院的运行机制需要关注科研与技术创新。学院可以建立科研平台和创新基地，鼓励教师和学生进行科研活动和创新实践，提升学院的科研水平和影响力。

首先，学院可以设立科研中心或实验室，提供良好的科研条件和设施。这些科研平台可以吸引学院的师生参与科研和技术创新活动。学院可以引入先进的科研设备和仪器，为教师和学生提供良好的实验和研究条件。

其次，学院可以鼓励教师和学生参与科研项目和课题研究。学院可以设立科研项目申报制度，鼓励教师积极申请科研项目，并给予一定的经费支持和科研成果奖励。同时，学院可以为学生提供科研实践的机会，通过科研导师制度或科研项目实训，指导学生进行独立的科研工作。

最后，学院可以与企业合作，开展产学研合作项目，促进科研成果的转化和应用。通过与企业合作，学院可以了解行业需求和问题，将科研成果应用到实际生产和工程中，推动产业的发展和创新。

通过以上措施，产业学院可以建立良好的科研和技术创新氛围，提高教师和学生的科研能力和水平，促进学院的学术声誉和影响力。

（四）社会资源整合与合作

产业学院的运行机制需要注重社会资源整合与合作。学院可以与相关行业、企业建立合作关系，共同开展人才培养、科研合作等活动，实现资源共享和互利共赢。

首先，学院可以与相关企业建立校企合作关系。通过与企业合作，学院可以了解企业对人才的需求和技术创新的方向，调整教学内容和培养目标，使学生更好地适应就业市场的需要。同时，学院可以为企业提供专业培训和技术支持，促进产学研深度融合。

其次，学院可以参与行业协会和组织，与同行院校进行合作交流。通过参与行业协会的活动和会议，学院可以了解行业内的最新动态和发展趋势，与其他院校分享教学经验和科研成果，促进学科建设和教育教学的改进。

最后，学院可以积极与社会各界建立联系，拓展社会资源。学院可以与政府部门合作，获取政策支持和项目资助；与社会公益机构合作，开展社会服务和公益活动；与媒体合作，提高学院的知名度和影响力。

通过以上措施，产业学院可以整合社会资源，与相关企业和机构开展广泛的合作，实现资源共享和互利共赢。同时，通过社会合作，学院可以更好地满足市场需求，提高学院的影响力和竞争力。

第三节　产业学院与其他机构的合作形式

一、与企业的合作形式

（一）实习和就业合作

学校与企业建立稳定的实习和就业合作关系是为了提供学生更多实践机会和就业机会，通过与企业的合作，学校可以帮助学生更好地了解行业需求和就业趋势，提升实践能力，促进就业。具体的合作方式包括以下几个方面：

1.实习项目合作

学校可以与企业合作，开展实习项目，为学生提供在企业内部实习的机会。通过实习，学生可以接触到真实的工作环境，了解企业的运作方式和要求，培养实际操作和解决问题的能力。

2.实习导师指导

学校可以安排企业导师为学生提供实习指导。企业导师是具有丰富工作经验和专业知识的企业员工，他们可以帮助学生解答实际工作中的问题，指导学生如何适应企业环境和开展实习任务。

3.就业信息发布

学校可以与企业合作，将企业的招聘信息发布给学生，帮助他们了解就业市场的需求和趋势。同时，学校也可以组织就业指导讲座和招聘会，为学生提供与企业交流的机会，促进就业。

4.就业推荐服务

学校可以与企业合作，建立毕业生就业推荐服务平台，为企业提供优秀毕业生的推荐。通过学校的推荐，企业可以获得高质量的人才，同时为学生提供更多就业机会。

（二）科研合作

学校与企业的科研合作是为了将学术研究成果转化为实际产品和解决方

案，推动创新和发展。具体的合作方式包括以下几个方面：

1.共同研究项目

学校可以与企业合作，开展共同研究项目。通过共同研究，学校可以利用企业的资源和市场需求，将学术研究成果应用到实际生产中，提升产品的竞争力和质量。

2.技术支持和咨询

学校可以为企业提供专业的技术支持和咨询服务。学校拥有一流的科研团队和技术人才，可以通过与企业的合作，将学校的专业知识和研究技术应用到企业的生产和研发中，促进企业的创新和发展。

3.成果转化和知识产权

学校与企业合作时，需要明确双方对研究成果的产权分配和利益分享。通过合理的知识产权管理和成果转化机制，可以激励学术研究人员的创新活力，推动科研成果的转化和应用。

4.人才培养和交流

学校可以与企业合作开展人才培养和交流项目。例如，学校可以为企业提供定制化的培训课程，帮助企业培养专业技能和创新能力。同时，学校也可以组织学生参与企业的实践项目，增强学生的实践能力和就业竞争力。

（三）企业导师制度

学校与企业合作建立企业导师制度是为了给学生提供行业内的实践指导和职业规划建议，帮助他们更好地适应职业发展。具体的合作方式包括以下几个方面：

1.企业导师指导

学校可以邀请企业导师来校为学生提供实践指导和职业规划建议。企业导师是具有丰富工作经验和专业知识的企业员工，他们可以分享自己的职业发展经验和成功之道，帮助学生了解行业需求和趋势。

2.职业规划辅导

学校可以组织职业规划辅导活动，如职业规划讲座、个人咨询等。通过与企业导师的交流和指导，学生可以更好地了解自己的优势和兴趣，确定个人职业目标，并制定相应的发展规划。

3.实践项目合作

学校可以与企业合作开展实践项目，将学生与企业导师进行配对，通过实际工作中的指导和反馈，帮助学生提升实践能力和解决问题的能力。

4.就业资源分享

学校可以与企业合作，分享企业的就业资源和招聘信息给学生。企业导师可以及时了解企业的招聘需求，帮助学生获取就业机会，并提供推荐和背景介绍。

（四）创新创业合作

学校与企业合作开展创新创业项目是为了帮助学生实现创业梦想，并促进创新创业的发展。具体的合作方式包括以下几个方面：

1.创业培训和指导

学校可以与企业合作，提供创业培训和指导服务。通过邀请企业创业者、投资人等行业专家来学校开展讲座和培训，帮助学生了解创业的基本知识和技能，掌握创业的核心要素。

2.资金支持和孵化器

学校可以与企业合作设立创业基金，为有创业潜力的学生提供资金支持。同时，学校也可以建立创业孵化器，为学生提供办公场所、资源支持和导师指导，帮助他们开展创新创业项目。

3.创业导师和合作伙伴

学校可以邀请企业创业者作为创业导师，为学生提供创业指导和经验分享。此外，学校还可以与企业合作，共同孵化和扶持创新创业团队，通过共同努力推动创业项目的发展。

4.创业赛事和创投对接

学校可以组织创业赛事，为学生提供展示自己创业项目的机会，并吸引创投机构的关注。通过与企业合作，学校可以将优秀的创业项目对接到创投机构，促进资金的注入和项目的发展。

二、与政府相关部门的合作形式

（一）政策支持

学校可以积极与政府相关部门合作，争取政策支持，为人才培养和科研项目提供资金和政策支持。政府可以出台专门的人才政策和项目，鼓励学校与企业合作，加强创新创业教育，促进人才培养和社会经济发展。

学校可以向政府提供人才培养和科研项目的需求和计划，与政府共同制定并实施相关政策。政府可以为学校提供资金支持，包括设立专项经费、提供科研项目资助等形式，以推动学校的人才培养和科研工作。同时，政府还可以通过税收优惠、减免行政审批手续等方式，为学校与企业合作提供便利条件，鼓励双方开展技术转移和产学研合作。

政府在制定人才政策和项目时，可以充分考虑学校的特点和需求，鼓励学校加强创新创业教育。例如，可以为学校提供专项经费，用于支持创新创业教育的开展，包括创新实践基地的建设、创业项目的孵化等。同时，政府还可以制定相关政策，吸引优秀人才回归学校从事科研教学工作，提升学校的创新能力和竞争力。

（二）科研项目合作

学校可以与政府相关部门合作开展科研项目。政府部门通常有自己的科研需求和问题，学校可以利用自身的研究能力和专业知识，与政府部门合作解决实际问题，推动科技创新和社会进步。

在科研项目合作中，学校可以与政府相关部门签订合作协议，明确双方的权责和合作方式。学校可以依托自身的学科优势和研究团队，为政府部门提供科研咨询、技术支持等服务。政府部门可以提供资金支持和项目需求，与学校共同制订科研计划，并为学校提供实施科研项目所需的资源和条件。

学校与政府部门合作开展科研项目，可以实现资源共享、优势互补。学校通过解决政府部门的科研问题，提升自身的研究水平和影响力；政府部门通过与学校的合作，获得专业的技术支持和解决方案，推动社会经济的发展。双方合作的项目还可以促进学校与企业的合作，实现科技成果的转化和产业化，为社会创造更大的价值。

（三）教育政策咨询

学校可以与政府相关部门合作，参与教育政策的咨询和制定。学校可以提供专业意见和建议，反映教育现状和需求，为政府部门制定科学合理的教育政策提供支持。

学校作为教育的重要组成部分，了解教育领域的最新发展和需求。学校可以设立专门的教育政策研究机构或团队，负责收集、整理和分析相关数据和信息，为政府部门提供科学的决策依据。

政府部门在制定教育政策时，可以与学校进行广泛的沟通和合作。学校可以组织教师、学生和家长代表，参与政府的听证会或座谈会，向政府部门表达意见和建议。政府部门可以邀请学校的专家学者担任政策咨询委员或顾问，为政府提供专业意见和建议。

通过学校与政府相关部门的教育政策咨询合作，可以实现教育政策的科学合理性和有效性。学校可以从实践经验出发，向政府部门提供具体问题和需求，并反映教育改革和发展的现状。政府部门可以倾听学校的声音，制定出符合实际需要的教育政策，促进教育事业的健康发展。

（四）人才培养项目合作

学校可以与政府相关部门合作开展人才培养项目。政府可以提供资金和资源支持，学校可以根据社会需求和政府要求，进行专业化、定向化的人才培养，满足社会经济发展的需求。

在人才培养项目合作中，学校可以与政府相关部门共同确定培养目标和培养方案。政府可以提供经费支持，用于学校开展专业化、定向化的人才培养项目。例如，在新兴产业领域的人才培养中，政府可以设立专项基金，为学校提供资金支持，用于实施相关的培训课程、实习项目等。

学校与政府部门合作开展人才培养项目，可以通过多种形式进行，包括联合开设专业课程、共同组织实践教学活动、合作开展科研课题等。学校可以依托自身的师资力量和教育资源，为政府部门提供具体的人才培养方案和实施措施。政府部门可以提供实践基地、企业资源等支持，帮助学生在实践中提升能力和技能。

通过学校与政府相关部门的人才培养项目合作，可以有效提升学生的就业竞争力和创新创业能力。学校可以根据市场需求和政府部门的要求，调整和改进人才培养方案，培养适应社会发展需要的高素质人才。政府部门可以通过人才培养项目合作，获取专业化、高水平的人才，推动社会经济发展。

三、与其他高等教育机构的合作形式

（一）共建课程

学校与其他高等教育机构合作，共同开展课程建设和教学资源共享，是为了提供更多多样化的课程选择和优质教学资源给学生。共建课程可以通过以下几个方面来实现：

首先，学校可以借鉴其他高校的优势和特色，充分利用各自的教学资源，提供丰富多样的课程。例如，一所学校在某个领域具有深厚的师资力量和研究成果，而另一所学校在其他领域有着独特的教育理念和方法。通过合作，学校可以互相学习和借鉴，将各自的优势融入共建的课程中，使学生能够接触到更广泛的知识和学习方式。

其次，学校可以进行教学资源的互相借用和共享，提高资源利用效率。比如，一些高校可能拥有独立开发的教学软件或者实验设备，可以与其他学校共享这些资源，避免资源的重复购置和浪费。同时，还可以通过共建课程的方式共同开发教材和教学大纲，减少教师的课程设计和备课工作量，提高教学效果。

最后，学校可以促进师资队伍的交流和合作。高校可以开展师资互访、联合授课等活动，让教师之间相互交流教学经验和教学方法，提高教学水平。同时，还可以通过共建课程的方式，邀请其他高校的优秀教师来校授课，为学生提供多元化的教学体验。

（二）联合培养项目

学校与其他高等教育机构联合开展人才培养项目，旨在为学生提供更广泛的知识和经验，提高人才培养的质量和水平。联合培养项目可以通过以下几个方面来实现：

首先，学校可以与其他高校建立联合培养项目，使学生能够在两个或多个高校之间进行学习和交流。通过跨校的学习经历，学生可以接触到不同学校的教学理念、课程设置和教学方法，获得更广泛的知识和经验。这种跨校的学习经历有助于培养学生的创新思维和国际视野，提高其综合素质和竞争力。

其次，学校之间可以互相补充和借鉴各自的教学资源，提高人才培养的质量和水平。例如，一所学校在某个专业方向上拥有强大的实验室设备和研究资源，而另一所学校在其他方面有着独特的优势。通过合作，学校可以共享这些资源，让学生能够接触到更多的实践机会和研究项目，提高他们的实践能力和科研水平。

最后，学校可以促进学生之间的交流和合作。学校可以开展学生交流项目，让学生有机会与来自其他学校的学生一起学习和生活。这种交流可以促进学生之间的互相了解和友谊，培养学生的团队合作精神和跨文化交流能力，为他们的个人成长和职业发展打下良好的基础。

（三）科研合作

学校与其他高等教育机构开展科研合作项目，旨在汇集更多的专业知识和研究成果，推动科技创新和学术进步。科研合作可以通过以下几个方面来实现：

首先，学校可以与其他高校共同申请科研项目资金，开展联合研究和科研合作。通过合作研究，学校可以充分发挥各自的研究优势，共同攻克科学难题，取得更加重要的研究成果。同时，科研合作也可以促进学术交流和合作，提高学校的学术影响力和国际竞争力。

其次，学校之间可以共享科研设备和实验室资源。一些研究设备的购置和维护成本较高，而且不同学校可能有不同的研究需求。通过科研合作，学校可以共享设备资源，提高设备利用率，降低研究成本。这样既能够满足各自的研究需要，又能够节约资源，提高科研效益。

最后，学校之间可以开展学术交流和学术会议等活动，促进学者之间的思想碰撞和学术合作。学校可以共同举办学术研讨会、论坛等活动，邀请其他高校的专家学者来校进行学术报告和交流，推动学术研究的前沿和发展。这种学术交流和合作有助于学者们互相启发、互相借鉴，并形成合作研究的机会，进一步提升学校的科研水平和学术声誉。

（四）学术交流和合作

学校与其他高等教育机构进行学术交流和合作，旨在促进学术思想的碰撞和交流，为学生提供更广阔的学习和发展平台。学术交流和合作可以通过以下几个方面来实现：

首先，学校可以定期举办学术研讨会、论坛等活动，邀请其他高校的专家学者来校交流和分享最新的研究成果。这些学术活动可以提供一个平台，让学者们展示自己的研究成果，促进不同学校之间的学术交流和合作。学校可以结合自身的特点和优势，选择一些热门的学术领域或者前沿的研究方向，吸引更多的学者参与进来，推动学术研究的进步。

其次，学校可以开展学者互访和学术讲座等活动，为学生和教师提供与其他高校的学术交流机会。通过邀请其他高校的专家学者来校进行学术讲座，学校可以为学生提供更广阔的学习和发展平台。学生可以借此机会聆听国内外知名学者的讲座，了解前沿的学术动态，提高学术素养和研究能力。同时，学校的教师也可以通过学者互访的方式，走出去参加其他高校的学术活动，与他校的学者进行深入的学术交流，拓宽学术视野。

最后，学校之间可以开展合作研究项目，促进学术合作。学校可以共同申请科研项目资金，开展联合研究和研究生导师指导等活动。通过合作研究，学校之间可以共同攻克科学难题，取得重要的研究成果。此外，还可以开展联合培养博士生等项目，培养高水平的研究人才，提高学校的研究实力和学术声誉。

第三章 高等职业院校产业学院的课程设置与教学模式

第一节 产业学院的课程设置原则

一、适应产业发展需求

（一）了解产业趋势和需求

在制定产业学院的课程设置原则时，第一个重要的原则是了解各个产业的发展趋势和市场需求。了解产业趋势是为了把握产业的发展方向，而了解市场需求则是为了与市场需求相契合，提供符合需求的课程。

产业学院可以通过多种方法来了解产业的发展趋势和市场需求。首先，可以进行全面的产业研究，包括收集和分析相关的行业报告、调查数据、专家意见等。这些能够帮助产业学院了解当前产业的发展状况、市场规模、竞争情况等信息。其次，还可以关注行业协会、专业咨询机构等的观察和分析，了解他们对未来产业发展的预测和建议。

通过深入研究和分析产业趋势和市场需求，产业学院可以更准确地预测产业的未来发展方向，并据此制定相应的课程设置原则。例如，如果某个产业处于高速发展阶段，产业学院可以设立相关的核心课程，培养学生在该领域的专业知识和实践能力；如果某个产业面临技术更新换代，产业学院可以设立相关的技术课程，帮助学生掌握最新的技术和工具。

（二）紧跟科技创新和前沿领域

随着科技的快速发展，各个产业都在不断涌现出新的技术和前沿领域。因此，在产业学院的课程设置中，产业学院要重点关注科技创新和前沿领域的相关知识和技能。

首先，产业学院要及时了解科技创新和前沿领域的最新进展。这可以通过参加学术研讨会、行业交流会、创新创业比赛等方式实现。同时，也要关注相关领域的研究成果、科技新闻等信息来源，以便第一时间获取最新的科技动态。

其次，产业学院要将科技创新和前沿领域的相关知识和技能纳入课程设置中。例如，在人工智能领域，可以设立专门的人工智能课程，包括机器学习、深度学习、自然语言处理等；在云计算领域，可以设置云计算基础、云架构设计等课程。通过紧跟科技创新和前沿领域，产业学院能够培养学生具备更新观念和创新能力的能力。

（三）结合产业需求设立专业方向

根据不同产业的需求，产业学院可以设立相应的专业方向，将课程设置为符合该产业需求的专业知识和技能。

首先，要对不同产业的需求进行全面的了解和分析。这包括产业的发展方向、人才需求、技术要求等方面的信息。例如，在人工智能产业方向上，产业学院可以了解到该产业需要掌握的技术和工具，以及相关的应用领域；在新能源产业方向上，学院可以了解到该产业对可再生能源、能源管理等方面的需求。

其次，根据产业需求设立相应的专业方向。例如，在人工智能产业方向上，可以设立人工智能应用与开发、人机交互设计等专业方向；在新能源产业方向上，可以设立太阳能技术与应用、风能技术与应用等专业方向。通过设置专业方向，可以使学生更加有针对性地学习，并提高他们在特定产业中的竞争力。

（四）关注国家政策和行业发展规划

在课程设置中，产业学院要密切关注国家政策和行业发展规划。根据国家政策的引导方向和行业发展的趋势，产业学院可以相应地调整课程设置，使之与国家政策和行业规划保持一致，为学生提供更好的教育培养。

首先，学院要及时了解国家政策和行业发展规划。这可以通过关注政府发布的相关政策文件、行业规划和指导意见等途径来实现。例如，学院可以关注国家科技创新战略、产业发展规划、人才培养计划等文件，以及行业协会、专业组织等发布的行业发展指南。

其次，根据国家政策和行业发展规划调整课程设置。如果国家政策鼓励发展某个特定领域，学院可以相应地设立相关的课程，培养在该领域具备核心竞争力的人才；如果行业发展规划提出了优先发展某些技术或产业，学院可以调整课程设置，增加相关的知识和技能培养内容。

最后，关注国家政策和行业发展规划还能帮助学生更好地融入产业，了解产业发展的宏观环境和走向，为他们的就业和创业提供更有前瞻性和可持续性的指导。

二、培养学生综合素质

（一）提供全面的教育资源

为了培养学生的综合素质，产业学院致力于提供全面的教育资源。首先，学院将丰富各学科的课程设置，确保学生能够全面掌握基础知识和技能。学院将制订科学合理的教学计划，将重点放在学科核心概念和原理的讲解与应用上，并通过案例分析、实验操作等方式，加强学生的实践能力。其次，学院将注重人文社科等方面的教育，扩大学生视野和深入思考能力。通过文学艺术、历史哲学等课程，培养学生的人文素养和审美情趣；通过社会科学的学习，引导学生关注社会问题、培养批判性思维能力，并通过社会实践、社团活动等途径，促进学生的社会责任感和公民意识的培养。

（二）培养创新思维和问题解决能力

为了培养学生的创新思维和问题解决能力，产业学院将在课程设置中注重培养学生的创新意识和创造性思维。通过科学实验、研究项目等形式，让学生亲身参与科学探索和创新实践，培养他们的观察力、探索力和分析解决问题的能力。

产业学院还将开设创新创业课程，引导学生从理论到实践的整个创新过程，增强他们的创新能力和团队协作能力。通过与企业合作、参与创业实践等方式，培养学生的商业思维和创业精神，帮助他们将创新成果转化为实际价值。

（三）加强实践能力培养

除了理论知识的学习，产业学院也非常重视学生的实践能力培养。通过实习、实训、项目实践等方式，让学生有机会将所学知识应用到实际工作中，锻炼他们的实践操作能力和团队合作能力。

产业学院将与相关行业建立合作关系，为学生提供实习机会和实践平台。通过与企业、社会组织等合作，让学生参与真实项目，面对实际问题，培养他们在复杂环境中的应变能力和团队协作能力。产业学院还将鼓励学生参加学术科研项目，锻炼他们的独立思考和创新能力。

（四）提供职业规划和就业指导

为了帮助学生做好职业规划和顺利就业，产业学院将提供全方位的职业规划和就业指导支持。产业学院将开设职业咨询课程，为学生提供个性化的职业咨询服务，帮助他们明确自己的兴趣、优势和职业目标。

产业学院还将组织就业技能培训，包括职业素养培养、求职技巧指导等，帮助学生提升就业竞争力。同时，产业学院将与企业建立紧密联系，开展实习就业推荐活动，为学生提供实践机会和就业资源，并提供就业跟踪服务，帮助学生成功就业并实现职业发展。

（五）培养全球化视野和国际竞争力

随着经济全球化的深入发展，产业学院将注重培养学生的全球化视野和国际竞争力。产业学院将开设国际交流课程，引入国际教育资源，为学生提供广阔的国际学习机会。通过与海外高校的合作项目，组织学生参加学术交流、夏令营等活动，拓宽学生的国际视野，提升他们的跨文化交流与合作能力。

产业学院还将鼓励学生参与国际竞赛和项目，锻炼他们在国际舞台上展示才华的能力。同时，产业学院会积极推动学生的留学经历，为他们提供留学申请指导和支持，培养他们具备全球背景和跨文化沟通能力，使他们能够在国际竞争中脱颖而出。

三、注重实践操作能力

（一）设置实践操作课程

为了注重实践操作能力的培养，产业学院需要在课程设置中充分考虑到这一点。实践操作课程应当被设置为专业课程的重要组成部分，可以安排在学习周期的不同阶段进行。这些课程将专注于实际操作，通过模拟实验、实操训练等方式，让学生掌握实践操作的基本技能和方法。

在设置实践操作课程时，产业学院需要根据专业领域的要求和行业发展趋势，确定相应的实践内容和实践方法。例如，在计算机科学领域，可以设置编程实践课程，让学生亲自动手编写代码，并通过实际案例和项目来锻炼他们的实践操作能力。在工程类专业中，可以设置实验课程，让学生进行实际的工程设计和制造过程，培养他们的实践操作技能和创新能力。

此外，为了提高实践操作课程的实效性，产业学院应该与相关的企业和组织建立合作关系，与实际工作环境相结合，确保学生能够接触到真实的实践操作场景。这可能包括与企业合作开展实践项目、邀请行业专家担任实践操作课程的讲师等。

（二）提供实践实习机会

除了实践操作课程，提供实践实习机会也是培养学生实践操作能力的重要途径之一。通过与相关企业和组织建立合作关系，产业学院可以为学生提供实践实习机会，让他们有机会在真实的工作环境中学习和成长。

为了提供更多的实践实习机会，产业学院可以与企业合作，开展实习项目，让学生有机会在实际工作项目中参与并发挥自己的实践操作能力。同时，产业学院还可以与社会组织、科研机构等合作，开展实践研究项目，让学生通过实践研究的方式深入了解专业领域，并运用所学知识和技能解决实际问题。

通过实践实习机会，学生可以亲身参与实际工作项目，锻炼他们的实践操作能力和团队合作能力。实践实习经验将为学生提供宝贵的职业发展素材，并丰富他们的实践操作能力。

（三）开展实践操作项目

为了提高学生的实践操作能力，产业学院还应该注重开展实践操作项目。这些项目可以是课程作业、实验项目、实践研究项目等形式。通过实际工作任务的安排和实践操作的指导，帮助学生运用所学知识和技能解决实际问题，提高他们的实践操作能力。

在开展实践操作项目时，产业学院可以结合专业领域的实际需求和行业发展趋势，确定具体的项目内容和目标。例如，在信息技术领域，可以组织学生开发实际的软件系统或应用程序；在工程类专业中，可以组织学生进行实际的工程设计和制造过程等。

通过开展实践操作项目，学生可以在实践中运用所学知识和技能，锻炼解决问题的能力和创新思维，提高他们的实践操作能力。

（四）鼓励学生参与实践经验分享

为了促进学生之间的交流和学习，产业学院应该鼓励学生参与实践经验分享活动。这些活动可以是学生自己组织的分享会或研讨会，让他们分享自己的实践操作经验和心得体会，从而提升彼此的实践操作能力。

在实践经验分享活动中，学生可以分享他们在实践操作过程中遇到的问题和解决方法，介绍自己参与的实践项目和取得的成果，以及对实践操作能力提升的一些见解和建议。这样的经验分享可以帮助其他学生更好地理解和应用实践操作技能，促进彼此之间的学习和成长。

通过鼓励学生参与实践经验分享，产业学院可以打造一个积极向上的学术氛围，促进学生的实践操作能力的全面提升。

第二节 产业学院的实践教学模式

一、校内实训模式

（一）实验室课程实训

校内实训的常见方式之一是通过实验室课程进行实训。实验室课程提供了一个模拟真实工作环境的场所，学生可以在这里进行专业知识的实际操作，掌握实验技能，并通过实验结果进行数据分析和解读。

实验室课程的实训内容可以根据不同专业的需求进行设计和安排。例如，在化学实验室课程中，学生可以进行化学试剂的配制和反应实验；在物理实验室课程中，学生可以进行物理实验装置的搭建和测量实验；在生物实验室课程中，学生可以进行生物组织的培养和观察实验等。通过这些实验操作的训练，学生能够加深对理论知识的理解，掌握实验方法和技巧，培养实践操作能力。

在实验室课程中，教师可以给予学生适当的指导和辅导，引导他们进行实验设计、实验操作和实验结果的分析。同时，学生还可以在实验室中与同学们进行交流和合作，相互学习和借鉴，提高团队合作能力和沟通能力。

（二）仿真实训

除了实验室课程实训，利用仿真软件进行实训也是一种常见的方式。通过模拟真实场景，学生可以在虚拟环境中进行实践操作，提高解决问题的能力。例如，在工程类专业中，学生可以利用建模软件进行建筑结构的设计和分析。他们可以进行各种设计参数的调整，观察和分析不同参数对建筑结构的影响，提高自己的设计能力和创新思维。

仿真实训的好处是可以提供一个安全、经济、便捷的实践环境。学生可以在虚拟环境中进行多次实践操作，并根据不同的情况进行调整和改进，提高解决问题的能力和应变能力。同时，学生还可以通过仿真软件进行数据收集和分析，进一步加深对理论知识的理解，掌握实践操作的方法和技巧。

（三）课程设计实训

课程设计实训是指将学习到的理论知识应用到实际项目中进行实训。这种实训方式要求学生完成一个具体的项目，并按照项目管理的流程进行规划、执行和评估。这种实训方式能够全面培养学生的综合能力和团队合作意识。

在课程设计实训中，学生需要根据项目需求进行需求分析和任务分解，制订详细的计划和进度安排，并组织团队成员进行协作和合作。学生还需要进行资源调配和进度控制，确保项目按时完成并达到预期的效果。在实训过程中，学生将面临各种挑战和问题，需要采取有效的解决措施和方法，提高解决问题的能力和创新能力。

通过课程设计实训，学生不仅可以运用所学知识解决实际问题，还能锻炼自己的团队协作和沟通能力。同时，学生还能通过实训项目的评估和总结，不断改进自己的实践操作能力，提高职业素质和竞争力。

（四）竞赛实训

参加学科竞赛是提高学生能力的有效方式之一。通过参加各种竞赛，如机器人竞赛、编程竞赛等，学生可以在实际的比赛中应用所学知识，提高解决问题和创新能力。

竞赛实训通常要求学生在一定时间内完成规定的任务，并根据竞赛规则进行评分和排名。在实训过程中，学生需要不断探索和尝试，寻找最佳解决方案，并进行实践操作来验证和改进。通过参加竞赛，学生能够锻炼自己的创新思维和团队合作能力，提高解决问题的能力和应变能力。

参加竞赛还可以为学生提供一个展示自己实践操作能力的平台。他们可以通过竞赛成绩和项目成果来证明自己的实践操作能力和专业水平，提高自己的职业发展机会和竞争力。

二、校外实习模式

（一）实习机构安排

学校与企事业单位的合作，为学生提供了到实习机构进行实习的机会。这种安排能够让学生亲身接触真实的工作环境和具体的工作任务，将所学知识应用到实践中，并获得实际工作经验。

学生进入实习机构后，通常会被分配到不同的部门或岗位进行工作。他们可以与实习导师一起合作，学习并参与各种项目和任务。在实习期间，学生可以通过实际操作和参与项目，提高解决问题的能力、团队合作能力和沟通能力。

实习机构往往是与学校有密切合作关系的企事业单位，这些单位提供了良好的实习环境和资源支持。学生在实习机构中可以接触到行业专业人士，了解其工作经验和职业发展路径，从而对自己的职业规划有更清晰的认识。

此外，实习机构还为学生提供了与企事业员工交流的机会。学生可以与企事业员工面对面交流，了解他们的职业生涯和工作经验，获取行业内部的信息和见解。这不仅能够拓宽学生的视野，还能够培养他们与不同人群进行有效沟通和合作的能力。

（二）行业联盟实习

学校与相关行业建立合作伙伴关系，可以为学生组织行业联盟实习。这种实习方式可以让学生深入了解和体验不同行业的运营模式和发展趋势，提高对行业的认知和理解。

行业联盟实习是指学生在实习期间进入由多个企业组成的行业联盟中进行工作。这种实习形式可以让学生接触到更广泛的行业资源和专业知识，了解行业内部的合作模式和发展动态。

在行业联盟实习中，学生通常会被分配到不同的企业进行实习，他们可以参与企业的日常运营工作、项目开发等，并通过参与多个企业的合作项目，了解行业内部的协同和合作方式。

行业联盟实习还可以为学生提供更多的职业发展机会。学生可以通过实习期间的表现，与行业内的企业建立起人脉关系，并了解到不同企业的招聘需求和发展方向，从而为自己的职业规划提供更多选择和机会。

（三）社会实践活动

学校组织学生参加社会实践活动，旨在培养学生的社会责任感和公民意识。这些实践活动通常包括社区服务、公益活动等，让学生亲身参与社会问题的解决和社会事务的推动。

社会实践活动可以帮助学生更好地了解社会问题和挑战。通过参与社区服务，学生可以接触到社会中存在的问题，并积极参与解决。例如，学生可以组织社区环境整治活动、开展公益义诊等，为社区居民提供帮助和支持。

社会实践活动还可以培养学生的团队合作和领导能力。在社会实践中，学生通常需要与其他志愿者一起合作，共同完成任务。通过团队合作，学生可以学习如何协调各方利益、解决问题，并展现出自己的领导才能。

社会实践活动还能够提高学生的人文素养。通过与社区居民或公益对象的交流和互动，学生可以更好地理解他人的需求和情感，培养关爱他人、帮助他人的意识和能力。

三、校企合作模式

（一）专业技能培训

学校可以与企事业单位合作，开展专业技能培训，以提升学生的实践操作能力和应用技能。通过与企业的紧密合作，学校可以了解行业需求和最新技术发展，为学生提供有针对性的培训课程。

专业技能培训可以包括理论授课和实践操作两个方面。理论授课可以由企业专业人士或学校教师进行，向学生介绍相关知识和技术应用。实践操作则可以在企业的实际工作场所进行，学生可以亲自进行实际操作，掌握实验技巧和解决问题的能力。

通过专业技能培训，学生可以接触到实际工作中的问题和挑战，了解行业最新技术和应用，培养实际操作能力和应变能力。此外，学生还可以与企业专业人士进行交流和合作，借鉴他们的经验和见解，提高自己的专业素养和职业能力。

（二）企业导师指导

学校可以邀请企业的专业人士来校园担任学生的导师，进行个别或小组指导。导师可以根据学生的学习需求和职业发展规划，提供实用的指导和建议，帮助学生更好地适应职业环境。

企业导师可以通过与学生的面对面交流，了解学生的学习情况和个人特点，有针对性地提供专业指导和职业规划建议。导师可以分享自己的职业经验和成功案例，向学生传授实际工作中的技巧和方法，提高学生的专业素养和职业能力。

通过企业导师指导，学生可以得到实践操作的实用建议和解决问题的指导，了解行业就业形势和职业发展路径，增强自信心和就业竞争力。导师还可以为学生提供实习机会和就业推荐，为他们的职业发展提供有力支持。

（三）产学研合作项目

学校可以与企事业单位共同开展产学研合作项目，将学术研究与实际工作紧密结合。通过参与合作项目，学生可以接触到实际的研究和开发工作，与企业专业人士共同解决实际问题，培养创新思维和团队合作精神。

产学研合作项目可以围绕行业需求和学科发展进行，学校和企业可以共同制定项目目标和实施计划。学生可以在项目中承担具体任务和角色，与企业专业人士合作完成项目，并进行实践操作和数据分析。通过合作项目的实践操作，学生可以将理论知识应用到实际问题中，增强解决问题和创新能力。

产学研合作项目还可以为学生提供展示自己能力的机会。学生可以通过项目成果的展示和总结，证明自己的实践操作能力和创新能力，提高自己的职业竞争力和就业机会。同时，合作项目还可以促进学校和企业的交流与合作，推动学术研究与实际工作的融合。

（四）企业赞助奖学金

学校可以与企业合作设立奖学金，为优秀学生提供资助和实习机会。企业可以通过赞助奖学金的方式吸引优秀的学生参与校企合作项目，并与企业建立长期合作关系。

企业赞助奖学金可以包括学费补助、生活费补贴和实习津贴等。通过获得奖学金的资助，学生可以减轻经济负担，专注于学习和实践操作。同时，企业还可以为获得奖学金的学生提供实习机会，并与他们建立联系和深入交流，了解优秀学生的能力和潜力。

企业赞助奖学金不仅可以帮助学生顺利完成学业，还可以为他们的职业发展提供支持和机会。学生可以通过实习经验和企业合作项目来提高实践操作能力和职业素养，增强自己的竞争力和就业机会。

（五）企业讲座和招聘会

学校可以邀请企业的专业人士来校园举办讲座和招聘活动。讲座内容可以包括行业发展趋势、职业规划、技术应用等，为学生提供行业前沿知识和专业见解。招聘会则向学生提供就业机会和面试经验，帮助他们更好地了解行业需求和就业形势。

企业讲座和招聘会可以帮助学生了解不同企业的招聘需求和岗位要求，与企业代表进行面对面交流，展示自己的能力和特长。学生可以通过参加企业讲座和招聘会，了解行业发展动态，掌握就业信息，提高就业竞争力。

在企业讲座中，专业人士可以分享行业内的成功经验和实践案例，向学生介绍技术应用和创新趋势。学生可以从中了解行业发展的方向和要求，为自己的职业发展做出规划和准备。

招聘会是学生与企业直接对接的平台，学生可以通过参加招聘会了解企业的需求和招聘政策，与企业代表进行交流和沟通。学生可以提交简历并参加现场面试，获取实际面试经验，并有机会获得就业机会或实习机会。

通过企业讲座和招聘会，学校可以为学生提供更多的职业发展机会和资源，帮助他们更好地了解行业需求和就业形势。同时，学生也可以通过参与讲座和招聘会，与企业代表建立联系和网络，扩大自己的职业人脉圈，增加就业机会和发展前景。

学校可以通过与企业的合作，开展专业技能培训、企业导师指导、产学研合作项目、企业赞助奖学金和企业讲座招聘会等方式，提升学生的实践操作能力和职业素养，为学生的职业发展和就业创造更好的环境和机会。

四、项目驱动模式

（一）项目导向教学

项目导向教学是以项目为核心，通过项目实践来推动学生的学习。学校可以组织学生参与真实或模拟的项目，让他们在实际项目中应用所学知识，解决实际问题，提高自主学习和问题解决能力。

在项目导向教学中，学生需要主动参与项目的各个环节，包括项目规划、项目执行和项目评估等。通过参与整个项目过程，学生能够全面了解和掌握项目管理的基本原理和方法，培养项目管理能力和实践能力。

项目导向教学注重培养学生的团队合作和沟通能力。在项目中，学生通常需要与其他成员合作完成任务，相互协调和支持，通过集体智慧解决问题。这种团队合作的模式可以提高学生的合作意识和能力，培养团队协作精神。

项目导向教学还注重培养学生的问题解决能力和创新思维。在项目中，学生可能面临各种问题和挑战，需要通过分析、研究和实践来解决。通过这样的实践，学生能够培养自主学习和探索的能力，同时也能够培养创新思维和创新能力。

（二）团队合作项目

学校可以组织学生进行团队合作项目，旨在培养学生的团队协作能力和沟通能力。团队合作项目可以涉及不同专业的学生，让他们学会协调不同角色和专业背景之间的合作。

在团队合作项目中，学生需要与其他成员一起合作完成任务。通过共同努力和相互支持，学生可以锻炼团队协作和协调能力，学会倾听和理解他人的观点，提高沟通和协商能力。

团队合作项目注重培养学生的团队意识和合作精神。在团队中，学生需要明确各自的角色和责任，相互协作，共同制定工作计划和目标，并为实现团队目标而努力。这种合作的经验可以帮助学生理解和适应真实工作环境中的团队合作方式，为将来的职业发展打下基础。

团队合作项目还可以培养学生的领导能力。在团队中，学生可以担任领导角色，负责组织和协调团队的工作。通过这样的实践，学生可以锻炼自己的领导才能，提高领导能力和管理能力。

（三）社会实践项目

学校可以组织学生开展社会实践项目，旨在解决社会问题和挑战。学生可以选择自己感兴趣的领域，针对实际问题提出解决方案并实施。例如，可以组织学生参与社区环境改善项目，通过调研、规划和执行，改善社区的环境质量。

社会实践项目可以让学生直接面对社会问题，了解社会现实，培养社会责任感和公民意识。通过参与解决社会问题的实践，学生可以提高问题解决能力和创新思维，同时也能够培养批判性思维和社会意识。

社会实践项目注重培养学生的实践能力和实践经验。在社会实践中，学生需要积极参与各种活动，与不同的社会群体互动，获取实践经验并反思实践过程。通过这样的实践，学生可以增强自己的实践能力和职业素养，为将来的就业和社会参与做好准备。

（四）跨学科项目

学校可以推动不同学科之间的跨学科合作项目。通过跨学科项目，学生可以从多个学科的角度分析和解决问题，培养综合思考和创新能力。

跨学科项目的特点是融合了不同学科领域的知识和技能，通过多学科的交叉融合，能够提供更全面、深入的解决方案。跨学科项目可以培养学生的综合思考和创新能力，提供更广阔的学术和职业选择。

在跨学科项目中，学生需要跨越单一学科的界限，从多个学科的角度去分析问题。例如，在城市规划项目中，学生可以结合社会学、经济学、环境学等学科的知识，从城市发展、社会影响以及环境保护等方面进行综合考虑，提出更全面的解决方案。

跨学科项目注重培养学生的综合素质和批判性思维能力。通过学习和应用不同学科的知识，学生可以培养系统思维和综合分析能力，同时也能够培养对知识的批判性思考，提高问题解决能力和创新能力。

跨学科项目还可以促进学科之间的交流与合作。在跨学科项目中，学生往往需要与来自不同学科背景的同学一起工作，共同解决问题。这种交流与合作可以促进学生之间的互相理解和协同配合，增强团队合作和沟通能力。

第三节　产业学院的教学资源与设施支持

一、教学资源的建设与管理

（一）图书馆资源

产业学院高度重视图书馆资源的建设与管理，并积极致力于为学生和教师提供丰富的阅读材料和学习资源。图书馆作为学术殿堂和知识宝库，扮演着支持教学、科研和学术交流的重要角色。

首先，产业学院图书馆的藏书丰富多样，涵盖了各个学科的教材和参考书籍，满足不同专业的学生和教师的需求。无论是工程类、商科类还是艺术类等专业的学习资料，图书馆都力争做到全面收集并及时更新。

其次，图书馆还拥有大量的专业期刊、学术论文和电子书籍资源。这些资源包含了最新的学术研究成果和前沿知识，为师生们提供了广阔的学习和研究空间。为了方便使用，产业学院积极引进最新的图书馆管理系统，使学生和教师可以便捷地进行图书查询、借阅和归还等操作。

再次，图书馆还定期举办学术讲座和读书活动，为师生们打造了一个知识交流和分享的平台。通过邀请知名学者和专家进行学术讲座，培养学生的学术思维和批判能力；通过组织读书活动，引导学生形成良好的阅读习惯和广泛的知识视野。

（二）实验室资源

产业学院非常注重实验教学的重要性，积极建设和管理实验室资源，为学生提供优质的实验教学环境。

首先，产业学院根据各个专业的需求，配备了先进的实验设备和仪器。例如，工程实验室配备了先进的工程设备和模型，生物实验室配备了先进的生物实验仪器，化学实验室配备了先进的化学分析设备等。这些设备和仪器的引进和更新，保证学生能够接触到最新的实验技术和仪器设备。

其次，产业学院为每个实验室都配备了专业的实验指导员。实验指导员不仅具备扎实的学科知识和实验技能，还具有丰富的实验教学经验。他们会提前准备好实验教材和操作指导，指导学生进行实验操作，并及时解答学生在实验过程中遇到的问题。实验指导员的存在有效地保证了学生在实验中的安全性和有效性。

最后，产业学院还定期组织实验竞赛和科研项目，鼓励学生积极参与并提升实践能力。通过实验竞赛和科研项目，学生能够将所学的理论知识应用于实践，培养创新思维能力和问题解决能力。同时，学院也与企事业单位合作，将实训基地打造成产学研结合的平台，使学生在实训过程中能够接触到最新的行业技术和发展动态。

（三）多媒体教室

产业学院非常重视教学活动的进行，并致力于提供先进的多媒体教室资源，以支持教师的课堂教学和学生的学习效果。

多媒体教室是一种集成了现代化教育技术设备的教室，配备了投影仪、音响设备、电子白板等。这些设备可以实现音视频播放、互动演示和网络连接等功能，为教师提供了丰富的教学工具和资源。

产业学院鼓励教师充分利用多媒体教室进行课堂教学，通过多媒体展示和交互式教学，提高学生的学习效果和参与度。教师可以使用多媒体教室进行教学演示，展示课程内容的图片、视频和动画等，从而生动直观地呈现知识点，激发学生的学习兴趣和注意力。通过多媒体设备的互动功能，教师可以与学生进行实时互动，提出问题、进行讨论和答疑，促进学生的思维活动和参与度。

多媒体教室还可以实现网络连接，教师可以利用互联网资源进行教学，引导学生进行在线查找和资料获取。同时，学生也可以在多媒体教室中使用电子设备进行学习和作业，充分利用多媒体教室资源进行自主学习和探索。

此外，多媒体教室还可以支持远程教学和在线学习。通过视频会议系统和网络教学平台，教师可以进行远程教学，为学生提供与专家和其他学校的教师进行交流和学术合作的机会。学生也可以通过在线学习平台进行自主学习和远程参与课堂活动。

（四）实训基地

产业学院非常注重培养学生的实际操作能力，为此特别建设了实训基地。实训基地是学生进行专业实践活动的场所，通过模拟真实的工作环境和配备相应的设备和工具，提供学生实践操作的机会。

首先，实训基地根据不同专业的需求，模拟了各种实际工作环境。例如，工程类专业可能设置有机械加工车间、电子设备调试室等；医学类专业可能设置有临床操作室、模拟病房等。这些实训基地旨在让学生在模拟真实场景中进行实际操作，达到培养实践能力的目的。

其次，实训基地配备了相应的设备和工具，以确保学生能够进行真实场景的操作。例如，工程类实训基地可能配备有各类机床、焊接设备等；医学类实训基地可能配备有各种医疗器械和模拟人体模型。这些设备和工具的使用，使学生能够熟悉并掌握专业操作技能，提高实践能力和问题解决能力。

再次，产业学院与企事业单位合作，将实训基地打造成产学研结合的平台。通过与企事业合作，学生能够接触到最新的行业技术和发展动态，了解实际工作要求和需求。同时，学生还有机会参与科研项目和实际生产过程，提升综合素质和职业竞争力。

二、实践设施的配备与管理

（一）实习基地

产业学院与一些知名企业和机构建立了合作关系，为学生提供实习机会。

学院通过与实习基地的密切合作，将课堂学习与实际工作相结合，使学生能够更好地了解行业的发展趋势和工作要求。学院积极开拓实习资源，不断拓展实习基地的数量和质量，确保学生能够有一个良好的实习体验。

（二）校外实践基地

除了实习基地，产业学院还积极开展校外实践活动，为学生提供更广阔的实践平台。学院与企事业单位合作，组织学生参与实际项目的研究和执行，让学生能够亲身感受职场的挑战和机遇。校外实践基地的选择涵盖了不同的行业和领域，学生可以根据自己的兴趣和专业方向选择合适的实践项目。

（三）创新创业孵化中心

产业学院鼓励学生具备创新创业的意识和能力，为此设立了创新创业孵化中心。孵化中心提供创业培训、项目孵化和资金支持等服务，帮助有创业想法的学生实现创业梦想。中心与相关的投资机构、企业进行合作，为学生提供切实可行的创业机会和资源支持。

（四）模拟实训中心

为了更好地培养学生的实践能力，产业学院建立了模拟实训中心。模拟实训中心模拟了各种实际工作场景，如医院、银行、酒店等。学生可以在这里进行各种职业技能的模拟操作和培训，提高他们的实际工作能力和应变能力。中心配备了专业的模拟设备和工具，确保学生能够接受真实的实训体验。

（五）科研平台

产业学院注重科研工作的推进，为学生提供科研平台和支持。学院鼓励学生参与科研项目，并提供科研经费和导师指导。学院建立了科研实验室和数据分析中心，为学生提供实践科研所需的设备和资源。科研平台为学生提供了展示自己科研成果的机会，鼓励学生积极参与学术会议和论文发表。学院还与企事业单位建立合作关系，开展产学研合作项目，为学生提供与实际问题相关的科研项目，培养学生解决实际问题的能力。

三、信息技术支持与应用

（一）网络设施

产业学院非常重视信息化建设，并且为学生和教师提供了稳定和快速的网络环境。学院通过建立高速的校园内网和互联网连接，保证学生能够随时访问学习所需的在线资源和学术数据库。此外，学院还为每个学生分配了个人电脑账号，并在校园内提供了无线网络覆盖，方便学生在任何角落都能进行学习和交流。

产业学院的网络设施不仅具备高速稳定的特点，还采用了先进的技术来提高用户体验。通过对网络的优化和升级，学院确保网络连接畅通无阻，避免出现因网络问题而影响教学和学习效率的情况。此外，学院还配备了专业的网络管理团队，负责网络设备的维护和管理，及时解决可能出现的故障，保障网络的正常运行。

（二）教学管理系统

为了提供全面的教学管理服务，产业学院引入了先进的教学管理系统。该系统包括课程管理、作业管理、学生信息管理等多个功能模块。通过教学管理系统，教师可以轻松地进行教学计划和教学资源的管理，包括制定课程大纲、上传教学资料、发布作业等。同时，学生也能够通过系统方便地提交作业、查看学习进度和成绩等。

为了提高系统的稳定性和用户体验，产业学院不断对教学管理系统进行优化和升级。学院投入了专业的技术人员，对系统进行维护和更新，及时修复可能存在的漏洞，确保系统的安全可靠。此外，学院还根据教师和学生的反馈意见，不断改进系统功能和界面设计，提供更加友好和便捷的操作体验。

（三）数字资源库

为了方便学生获取学习资料和研究资源，产业学院建立了数字资源库。该资源库收集了大量的学术论文、电子书籍、课件和多媒体学习资料，涵盖了各个学科领域的内容。学生可以通过数字资源库进行在线查阅和下载，提高学习效率和质量。

为了更好地利用数字资源库进行学习和研究，学院还为学生提供相关的培训和指导。学院开设了专门的课程，教授学生如何有效地搜索、筛选和利用数字资源库中的信息。此外，学院还组织学术讲座和研讨会，邀请专家学者介绍如何利用数字资源进行深入研究和学术发表。

产业学院的数字资源库不仅提供了丰富的学习资料，还不断更新和扩充内容。学院与国内外多个知名出版机构和学术机构建立了合作关系，获取到最新的学术成果和研究成果，为学生提供了广阔的学习和研究空间。

（四）智慧教室应用

为了提升教学效果和互动性，产业学院推行智慧教室应用。智慧教室配备了交互式白板、投影仪、音频设备等先进的教学设备，为教师和学生创造了良好的教学环境。

教师可以通过智慧教室进行多媒体展示、在线互动和学生评价等教学活动，增强学生的学习积极性和参与度。通过交互式白板，教师可以以更直观的方式向学生展示教学内容，引导学生积极参与课堂讨论和互动。此外，智慧教室还提供了学生评价功能，教师可以及时了解学生对课堂教学的反馈和评价，为教学改进提供参考依据。

为了确保教师能够熟练运用智慧教室技术进行教学，产业学院提供相关的培训和支持。学院组织教师培训班和研讨会，邀请专家进行指导，帮助教师掌握智慧教室的操作技巧和教学应用方法。同时，学院还建立了技术支持团队，为教师提供及时的技术支持和故障排除，确保智慧教室设备的正常运行。

第四章 高等职业院校产业学院的师资
队伍建设

第一节 产业学院师资队伍的构成

一、教授级专家和高级职称人员

（一）教授级专家

产业学院的师资队伍构成中，教授级专家是最高级别的专业人才。他们通常具有深厚的学术造诣和科研经验，在相关学科领域内具有很高的地位和影响力。他们能够为学院提供权威的学术指导和研究方向，并负责指导学生的科研项目和论文写作。教授级专家通常还参与国家级或地方级重大科研项目，为学院的学术研究和发展做出重要贡献。

（二）高级职称人员

除了教授级专家外，产业学院的师资队伍还包括一大批具有高级职称的专业人员。这些人员在自己的学科领域内具有较高的知识水平和专业技能，能够独立承担科研项目和教学任务。他们通常具备丰富的教学经验和实践经验，并能够将自己的实践经验融入教学中，为学生提供真实、实用的行业知识和技能。

二、实践经验丰富的行业专家

实践经验丰富的行业专家是产业学院师资队伍中的另一支重要力量。他们通常具有在特定产业领域从业多年的经验，对该产业的发展趋势、政策法规、市场需求等有着深入的了解。这些行业专家可以为学生提供真实的行业案例和经验分享，使学生更好地了解和适应实际工作环境。

行业专家在教学中可以与学生分享自己的成功经验和挫折经历，帮助学生树立正确的职业观念，指导学生制定个人发展规划，并提供与行业相关的实习和就业机会。他们还可以通过开设行业研讨会、邀请行业专家举办讲座等形式，促进学院与企业的深度合作，提高学生的就业竞争力。

产业学院为了吸引和培养优秀的行业专家，通常与相关企业和机构建立稳定的合作关系，包括共建实践基地、设立专业岗位、提供项目合作等。这些合作方式为行业专家提供了广阔的发展平台和机会，使其能够在实践中不断提升自己的专业水平和实践能力。

在产业学院的师资队伍中，实践经验丰富的行业专家可以起到桥梁和纽带的作用，连接学院与行业之间的资源和需求。他们能够将学院的教学内容与实际工作相结合，培养具有实践能力和创新精神的高级人才，为产业的发展和社会的进步做出贡献。

三、研究型教师和学科领域专家

（一）研究型教师

研究型教师是产业学院师资队伍中具有较高科研能力和学术造诣的专业人员。他们通常具有博士学位，并在相关学科领域内进行深入的学术研究。他们能够主持和参与国家级或地方级重大科研项目，在学术期刊上发表高水平的学术论文，为学院的学术声誉和学科建设做出重要贡献。

（二）学科领域专家

产业学院的师资队伍还包括一批学科领域专家，他们在某个特定学科领域内具有较高的知识水平和专业技能。这些专家通常具备博士学位或硕士学位，并且在自己的学科领域内有着丰富的教学和研究经验。他们能够为学院提供专业的学科教学和指导，帮助学生掌握学科知识和技能。他们还可以参与学科建设和教材编写工作，为学院的学科发展做出贡献。

学科领域专家通常具有扎实的学科基础知识，对学科内的前沿动态和研究成果有较好的了解。他们能够通过讲授学科课程、指导学生科研项目和参与学术交流等方式，传授学科知识和培养学生的学科思维和创新能力。

第二节 产业学院师资队伍的培养与选拔机制

一、师资培养的机制建设

（一）构建全面师资培养体系

为了提升产业学院的师资水平，应该构建一个全面的师资培养体系。该体系包括参与师资培养的各个层级和岗位，旨在培养具备教学和研究能力的高水平师资人才。

首先，应该制订详细的师资培养计划，根据不同岗位的需求和人员特点，为教师提供系统的培训和发展机会。培养计划将包括教学方法、课程设计、科研能力等方面的内容，以帮助教师提升专业素养和教学水平。

其次，应该建立导师制度，为新进教师指定经验丰富的导师，并通过导师制度促进新老教师之间的交流和互助。导师将负责指导新进教师的教学和科研工作，帮助他们尽快适应教育教学环境。

最后，应该提供多样化的培训资源，包括教师交流会议、研讨会、学术讲座等形式，为教师提供广泛的学习和交流平台。通过这些活动，教师可以了解最新的教育理论和方法，拓宽学术视野。

（二）建设完善的评估机制

为了确保师资培养的质量和效果，应该建设完善的评估机制。评估机制旨在对教师的培训成果和能力进行全面的评估，以便及时发现问题并采取相应的改进措施。

首先，应该建立定期的评估体系，包括教学观摩、课堂教学评估、教学反馈等环节。通过教学观摩，教师可以学习其他高水平教师的教学经验，并进行自我反思和改进。课堂教学评估主要通过学生评价、同行评议等方式进行，以客观地评估教师的教学水平。

其次，应该鼓励教师进行教学和科研成果的发布和申报。通过评估教师的教学和科研成果，可以更加客观地评价教师的综合素质和能力。

最后，应该建立教师发展档案，记录教师的培训经历、教学成果、科研成果等信息。这有助于全面了解教师的发展历程和能力提升情况，并为教师的晋升和评聘提供参考依据。

（三）积极开展国际交流与合作

为了提升教师的国际视野和学术水平，应该积极开展国际交流与合作。通过与国外高水平学府和研究机构的交流合作，引进先进的教学理念和科研方法，提升教师的专业素养和创新能力。

具体而言，应该加强与国外高校的师资交流，邀请国外教育专家来产业学院举办讲座和教学指导。同时，产业学院还将鼓励教师参加国际学术会议和研讨会，与国际同行进行学术交流和合作研究。

通过国际交流与合作，教师可以了解国际教育领域的最新动态和发展趋势，拓宽自己的学术视野，提高教学水平和科研能力。

（四）提供良好的教育教学环境

为了培养和吸引优秀的师资人才，应该提供良好的教育教学环境。这包括建设先进的教学设施和实验室，提供先进的教学技术和教育资源，为教师的教学和科研工作提供有力支持。

同时，产业学院还将加大对教师的激励和支持力度。通过提供丰厚的薪酬待遇、职称评定等方式，激励教师积极投入到教学和科研工作中。此外，产业学院还将建立健全奖励制度，鼓励教师在教学和科研方面取得优秀成绩。

二、师资选拔的标准和程序

（一）制定科学的师资选拔标准

为了选拔符合产业学院需求的高水平师资人才，应该制定科学的师资选拔标准。师资选拔标准将包括学历、资历、教学经验、科研成果等方面的要求，以确保选拔出的教师具备扎实的学术基础和教学能力。

首先，应该重视教师的学历背景。拥有硕士及以上学位的教师将具备更深入的学术研究能力，可以为学院带来更高水平的教学和科研成果。

其次，应该考虑教师的资历和工作经验。教师需要具备相关领域的工作经验，以便更好地理解产业学院的教学内容和需求，并能够将理论与实践相结合。

再次，应该重视教师的教学经验和教学成绩。教师需要具备一定的教学经验，能够有效地传授知识、激发学生的学习兴趣，并取得良好的教学评价。

最后，应该注重教师在相关领域的研究成果和学术影响力。拥有高水平的科研成果可以反映教师的学术能力和创新能力，对于提升学院的科研水平具有重要意义。

（二）建立严格的师资选拔程序

为了确保师资选拔的公正和科学性，应该建立严格的师资选拔程序。师资选拔程序将包括招聘公告、资格初审、面试评估等环节，以全面评估教师的素质和能力。

首先，应该发布招聘公告，明确师资需求和招聘条件，并向社会广泛宣传。在招聘公告中，应该明确招聘岗位要求、薪酬待遇、工作职责等信息，确保师资选拔的透明度和公正性。

其次，应该进行资格初审，对报名者的申请材料进行审核，筛选符合基本条件的候选人。初审主要关注教师的学历背景、工作经验和科研成果等方面的要求，以筛选出具备潜力和能力的候选人。

再次，应该进行面试评估，通过面试的方式对候选人进行综合评价。面试评估将包括个人陈述、教学示范、专业知识测试等环节，以全面了解候选人的教学能力、学术素养和适应能力。

最后，应该根据面试评估结果进行综合考虑，确定最终录用的教师。在决定录用时，应该充分考虑候选人的综合素质和潜力，确保选拔出最适合的师资人才。

三、引进高层次人才的机制

（一）设立特聘教授岗位

为了引进高层次人才，应该设立特聘教授岗位。特聘教授岗位将面向具有丰富教学经验和科研成果的国内外优秀教师或研究人员，并提供相应的薪酬待遇和福利支持。

特聘教授将在产业学院担任重要的教学和科研岗位，同时享受更高的待遇和评聘条件。他们将为学院带来先进的教学理念和科研方法，并带领团队进行高水平的科研工作。

（二）开展国际人才引进计划

为了引进国际一流的教学和科研人才，应该开展国际人才引进计划。该计划将面向海外优秀教师和研究人员，并提供相应的国际优秀人才加入产业学院。引进的国际人才将为学院带来国际化的教学和科研视角，推动学院的国际化发展。

（三）建立长期合作机制

为了保持长期的人才合作与引进，应该建立长期合作机制。这包括与其他高校、研究机构和企业建立战略合作伙伴关系，共享师资资源和科研平台。

通过与其他单位的合作，应该为教师提供更广阔的发展空间和合作机会。教师可以与其他高水平教师进行交流和合作，共同开展科研项目和教学改革，提升自身的研究能力和教学水平。

（四）提供优厚的待遇和福利

为了吸引和留住高层次人才，应该提供优厚的待遇和福利。这包括丰厚的薪酬待遇、完善的福利保障、灵活的工作时间和良好的职业发展空间。

对于薪酬待遇，应该根据教师的学历背景、工作经验、教学水平和科研成果等因素进行合理评估，并提供具有竞争力的薪酬水平。同时，应该建立绩效考核机制，根据教师的表现和贡献给予额外的奖励和提升机会。

在福利保障方面，应该提供全面的社会保险和医疗保障，包括养老保险、医疗保险、失业保险等。此外，产业学院还将为教师提供住房补贴、职业培训和教育支持等福利，提高教师的生活品质和工作满意度。

在工作时间上，应该尊重教师的专业性和创造性，提供灵活的工作时间安排。教师可以根据自身情况合理安排教学、科研和其他工作，保持工作与生活的平衡。

在职业发展空间上，应该提供广阔的发展平台和机会。教师可以参与学院的教学改革和科研项目，担任管理职务或学术领导职位，参与国内外学术交流和合作等。同时，应该为教师提供专业培训和进修的机会，不断提升教师的专业素养和能力。

第三节　产业学院师资队伍的培训与继续教育

一、教师培训计划的设计与实施

（一）培训需求调研

在制订教师培训计划之前，产业学院应进行全面的培训需求调研。调研的目的在于了解教师队伍的现状、教学水平以及专业发展需要，以确定培训的重点和方向。

培训需求调研应包括以下几个方面的内容：

1.教师队伍现状

调研应该对教师队伍的构成情况进行全面了解，包括教师的年龄、学历、职称等基本信息。同时，还需要了解教师的教育经历、工作经验以及所授课程的情况。通过对教师队伍的现状进行分析，可以帮助学院更好地了解教师的整体素质和潜力。

2.教学水平评估

通过对教师的教学水平进行评估，可以了解教师在教学过程中存在的问题和不足之处。评估可以包括教学观摩、听课评课、教学反馈等多种方式，通过这些手段可以较为客观地评价教师的教学水平，并从中发现教学中存在的问题。

3.教师的专业发展需求

了解教师对于专业发展的需求和期望，以及他们在专业发展过程中遇到的困难和问题。这些调研结果可以帮助学院确定教师培训的方向和内容，确保培训的针对性和实效性。

通过以上的培训需求调研，产业学院可以全面了解教师队伍的现状和需求，并基于此为后续的培训计划制订提供了基础。

（二）制定培训目标

在根据培训需求调研的结果之后，产业学院可以制定明确的培训目标。培训目标应该具体、可衡量，并与学院的教育教学目标相一致。

制定培训目标时可以考虑以下几个方面：

1.教学能力提升

培养教师的教学技能和方法，提高他们的教学水平和教学效果。可以针对教师不同的教学需求，设置不同的培训课程，如教学设计、课堂管理、学生评价等。

2.科研能力提升

提升教师的科研能力，培养他们的科研思维和科研方法。可以通过培训课程、科研项目指导等方式，帮助教师开展科研活动，提高他们的科研水平。

3.创新能力提升

培养教师的创新意识和创新能力，鼓励他们在教学中进行教育教学改革和创新实践。可以通过创新方法培训、教育技术应用培训等方式，激发教师的创新潜力。

通过制定明确的培训目标，可以使教师培训更加有针对性和实效性，帮助教师提高教学水平和专业素养。

（三）制定培训内容

根据培训目标，产业学院可以制定详细的培训内容。培训内容应包括教学方法、教育技术、学科知识更新、教学评估等方面的内容。同时，还可以根据教师的个别需求，提供有针对性的培训课程。

制定培训内容时需要考虑以下几点：

1.教学方法与策略

培训教师运用不同的教学方法和策略，如案例教学、讨论式教学、合作学习等，让教师了解并掌握多种有效的教学方法。

2.教育技术应用

培养教师使用教育技术辅助教学的能力，如多媒体教学、网络教学平台的应用等，提高教师的教学效果和教学创新能力。

3.学科知识更新

提供最新的学科知识和研究成果，帮助教师了解学科前沿动态，更新教学内容和教学方法。

4.教学评估与反馈

培养教师进行教学评估和自我反思的能力，了解教学效果并及时调整教学策略。

通过制定详细的培训内容，可以确保培训的全面性和系统性，提高教师的教学水平和专业素养。

（四）选择培训方式

产业学院可以采用多种培训方式，如集中培训、在线培训、研修班等。根据培训内容和教师的实际情况，选择最合适的培训方式。

在选择培训方式时需要考虑以下几个因素：

1.培训内容的特点

不同的培训内容适合不同的培训方式。例如，对于理论知识的培训可以采用在线学习的方式进行，而对于实践技能的培训则更适合集中培训或研修班的形式。

2.教师的时间和地点限制

考虑到教师的工作安排和地理位置因素，选择灵活性较高的培训方式。例如，对于时间较为紧张的教师，可以选择在线培训，让他们可以随时随地进行学习。

3.教师的学习方式和需求

尊重教师的学习倾向和需求，提供多样化的培训方式。有些教师更喜欢面对面的交流和互动，这时可以选择集中培训或研修班；而有些教师则更喜欢自主学习和在线学习，这时可以选择在线培训方式。

此外，产业学院还可以邀请外部专家举办讲座或指导，促进教师之间的互动与交流。通过邀请专家的方式，可以为教师提供更深入、专业的培训内容，并借助专家的经验和见解，帮助教师更好地发展自己的专业能力。

二、教师继续教育的机制建设

（一）建立继续教育基金

产业学院为了支持教师参加继续教育活动，可以设立专门的继续教育基金。该基金的目的是为教师提供经费支持，帮助他们获得更多的学习机会和培训资源。为筹集这笔基金，产业学院可以通过多种途径，如学院预算、企业赞助、校友捐赠等方式进行资金筹集。

继续教育基金的使用应遵循一定的管理原则，包括公开透明、资金合理分配、有效监督等。学院可以制定相关规定，明确申请资金的条件和程序，确保教师能够公平地享受该基金的资助。

（二）制定继续教育政策

为了明确继续教育的要求和规范，产业学院应制定具体的继续教育政策。这些政策可以包括以下几个方面：

1.继续教育的要求

明确教师需要达到的学时或学分要求，以及参加继续教育的频率和时间间隔。

2.报销标准

确定教师在继续教育活动中可以报销的费用范围，如培训费、交通费、住宿费等，并规定报销的标准和程序。

3.审批流程

明确教师参加继续教育活动需要进行的申请和审批程序，并设立相应的审批机构或委员会负责审核教师的申请材料。

4.教师发展计划

制订个性化的教师发展计划，帮助教师规划自己的学习和职业发展路径。

（三）建立学分认定机制

为了对教师的继续教育进行认可和评价，产业学院可以建立学分认定机制。该机制可以根据教师参加的培训课程、学习成果和教学效果，给予相应的学分，并记录在个人继续教育档案中。

学分认定机制应详细规定不同类型课程和活动的学时要求、学习成果评估方法和标准，确保学分认定的公正性和科学性。同时，学院可以建立学分转换规则，使教师获得的学分可以在后续的学历教育或职称评定中得到有效利用。

三、教师发展和职称评聘的支持措施

（一）职称评聘标准明确

产业学院应该制定明确的教师职称评聘标准，以保证评聘过程的公平与透明。这些标准应该根据岗位要求和教师发展需求综合考量，包括教学能力、科研成果、教育管理等多方面的考核指标。

1.教学能力

评价教师的教学能力主要包括授课水平、教学方法与策略、教学成果等方面。可以通过学生评价、同行评审、教学观摩等方式进行评估。

2.科研成果

评价教师的科研成果主要包括科研论文、专著、科研项目、科技成果转化等方面。可以通过经过同行评议的学术期刊发表情况、科研项目的结题情况和科技成果的应用转化情况进行评估。

3.教育管理

评价教师的教育管理能力主要包括教务管理、学生管理、课程建设等方面。可以通过对教师参与教务管理工作的情况、学生评价、教师对课程的改进与创新等进行评估。

（二）提供培训支持

为了帮助教师提升自身素质，产业学院可以提供各种培训支持。

1.开设职称评聘培训课程

开设针对不同职称评聘层次的培训课程，帮助教师了解评聘流程和标准，并提供相关技巧和经验分享。

2.邀请专家指导

邀请有相关经验的专家进行评聘培训，提供专业指导和建议，帮助教师更好地准备职称评聘材料和面试。

3.提供学习资源

建立教师学习资源库，提供丰富的学习资料和参考书籍，供教师自主学习和提升。

（三）激励政策

为鼓励教师积极参与教师发展和职称评聘，产业学院可以制定相应的激励政策。

1.奖励与福利待遇

评聘成功者可以获得一定的奖励或福利待遇，如薪资调整、职务晋升等。

2.荣誉称号

评聘成功者可以获得学院颁发的荣誉称号，如"优秀教师""学术带头人"等，以表彰其在教学与科研方面的突出贡献。

（四）导师制度建设

产业学院可以建立导师制度。

1.指定导师

每位教师可以拥有一位经验丰富的导师，导师应具备较高的职称和专业能力，在教学、科研、职称评聘等方面给予指导和建议。

2.导师指导

导师与被指导教师定期进行面对面的工作交流和指导，帮助其制订发展计划、解决问题，并提供专业意见及经验分享。

第四节　产业学院师资队伍的激励机制与评价体系

一、薪酬激励机制的建立

（一）根据教师的学历背景、工作经验、教学水平和科研成果等因素进行薪酬评估

为了确保薪酬的公正性和合理性，应该综合考虑教师个人的学术背景、职

业经验和绩效表现来进行薪酬评估。以下是对这些因素的详细评估指标：

1.学术背景

•学位层次：评估教师的学士、硕士、博士学位情况，较高学位可作为薪酬评估的一项重要指标。

•专业背景：评估教师的专业知识和专业能力，包括是否具备相关专业背景和领域的深入研究能力。

2.职业经验

•工作年限：评估教师的从业年限，经验丰富程度可作为薪酬评估的一项关键指标。

•教育经历：评估教师在教育领域的工作经历，包括是否具备在不同学校、不同教育环境中的教学经验，以及是否参与过教育管理和领导层工作。

3.教学水平

•教学质量：评估教师的教学效果和反馈，包括学生满意度、教学评估结果等。

•教学创新能力：评估教师在教学方法、教材设计和课程改革方面的创新能力和成果。

4.科研成果

•学术发表成果：评估教师在学术期刊、学术会议上的发表论文数量和质量，以及被引用的情况。

•科研项目：评估教师参与的科研项目数量和质量，包括主持或参与的国家级、省级科研项目等。

根据以上评估指标，可以综合考虑教师在学术背景、职业经验、教学水平和科研成果等方面的表现，确定适当的薪酬水平。

（二）建立绩效考核机制

为了激励教师的积极性和创造性，应该建立科学有效的绩效考核机制。

1.设定评估指标

根据教师的工作岗位和职责，确定相应的评估指标，涵盖教学质量、科研成果、学术影响力、教育服务和团队合作等方面。具体的评估指标可以根据不同学校和学科的特点进行调整，保证评估指标的科学性和可操作性。

2.绩效考核方法

选择合适的绩效考核方法，可以包括定期进行教学观摩、学生评价、同行评议、学术评审、教师自评等多种方式。同时，也可以采用定量和定性相结合的方法来评估教师的工作表现，确保评估结果的客观性和全面性。

3.绩效考核周期

确定绩效考核的周期，一般可以按照学年或半年为周期进行评估。定期进行绩效考核可以及时发现教师的工作表现和问题，并及时采取措施进行改进或奖励。

4.激励措施和奖励

根据教师的绩效评估结果，制定相应的激励措施和奖励。对于表现优秀的教师，可以给予薪酬调整、晋升机会、荣誉称号、学术交流和培训机会等奖励和福利。

（三）额外奖励和提升机会

除了基本薪酬外，应该设立额外奖励和提升机会，以激励教师的优异表现和贡献。

•教学优秀奖金：针对教学质量卓越的教师，设立教学优秀奖金，旨在鼓励教师提高教学水平和教学效果。

•晋升机会与职称评定优先条件：对于表现突出的教师，给予晋升机会和职称评定的优先条件，激励教师不断提升自己的能力和水平。

•学术交流和合作研究支持：对于在科研方面取得重要突破或在学术界有较高声誉的教师，推荐他们参与国内外学术交流、合作研究，并提供相应的经费支持。

通过以上额外奖励和提升机会，可以激励教师不断提升自己的能力和学术水平，增加他们的工作动力和满意度。

此外，还可以设立一些其他的额外奖励和提升机会，以更全面地激励教师的表现和贡献。例如：

•学术荣誉称号：根据教师在学术领域的突出贡献和成就，授予相应的学术荣誉称号，如学术带头人、学术师资等，以表彰他们的学术影响力和领导能力。

•科研项目支持：鼓励教师申请和参与科研项目，并提供相应的经费支持，以促进他们在科研领域的发展。

•学术交流与合作基金：设立学术交流与合作基金，资助教师参加国内外学术会议、学术研讨会等活动，促进他们与其他学者的交流与合作。

•教师培训与职业发展机会：提供丰富多样的教师培训、职业发展机会，包括教学方法培训、课程设计与改革培训、教育管理能力培养等，帮助教师不断提升职业技能和发展前景。

通过设立这些额外奖励和提升机会，可以激励教师在教学和科研方面追求卓越，增强他们的敬业精神和主动性，同时也能够保持教师队伍的活力和竞争力。

（四）灵活福利政策

为了满足不同教师的个性化需求，应该提供灵活的福利政策，以下是一些常见的灵活福利措施：

•住房补贴：针对有住房困难的教师，可以提供住房补贴或提供优惠的住房安排，以帮助他们解决住房问题。

•子女教育补贴：对于教师的子女，可以提供教育补贴或提供优质的教育资源，以支持他们的教育成长。

•职业发展培训：提供职业发展培训机会，包括教学方法培训、管理能力培养、学术交流等，帮助教师不断提升职业技能和发展前景。

•健康保险：为教师提供全面的健康保险福利，包括医疗保险、意外伤害保险等，以保障他们的身体健康和福利享受。

此外，还可以考虑其他一些具体福利措施，如节日福利、年度旅游活动、健身俱乐部会员、免费午餐等，根据学校和教师的实际情况进行灵活的调整和设置。

通过提供灵活多样的福利政策，可以满足不同教师的需求，增强他们的工作满意度和福利享受，进而提高教师的工作积极性和敬业精神。

二、教师职称评定和晋升的标准

（一）学术背景和学术成果

评定教师的职称将考虑其学位层次、学术背景和学术成果。教师需要具备扎实的学术基础和学科专长，并在相关领域有一定的研究成果和学术影响力。

学术背景和学术成果是评定教师职称的重要指标之一。教师在申请职称时需要提供自己的学位证明，该学位应该与申请的职称相匹配，如申请教授职称的教师应该拥有博士学位。此外，教师还需要展示自己的学术背景和学科专长，包括所学专业的广度和深度，以及是否具备在该领域独立进行研究的能力。

教师的学术成果也是评定职称的重要依据之一。教师需要通过在相关领域的研究活动中取得一定的成果，这些成果可以体现在学术论文、科研项目、专利申请、学术会议报告等方面。教师的学术影响力也很重要，可以通过他们的论文被引用情况、学术交流活动参与度等来评估。

因此，教师在申请职称时应该充分展示自己的学术背景和学术成果，包括已取得的学位、所学专业的广度和深度，以及在相关领域的研究成果和学术影响力。这些因素将对教师职称评定产生积极影响。

（二）教学质量和教学评价

教师的职称评定还将考虑其教学质量和教学评价。这将包括学生评价、同行评议、教学反馈等多方面的教学质量指标，以及教学成果和教学创新等方面的评估。

教学质量和教学评价是评定教师职称的重要依据之一。学生评价是其中一个重要的指标，可以通过学生的评分和评语来评估教师的教学效果。同行评议也非常重要，由其他有资质的教师对申请职称的教师进行评估，包括对其教学内容、教学方法、教学效果等方面的评价。教学反馈也是评估教师教学质量的重要参考，可以通过学生或同行提供的反馈信息来了解教师教学的优点和改进方向。

此外，教师的教学成果和教学创新也会对职称评定产生影响。教学成果包括课程设计、教材编写、教学研究等方面的成果，可以通过相关的教学评估指标来评估。教学创新则是指教师在教学中采用新的教学方法或教学技术，以提高教学效果和学生学习成果。

因此，教师在申请职称时应该提供充分的教学质量证明材料，包括学生评价、同行评议、教学反馈等，同时还应该展示自己的教学成果和教学创新，以体现自己的教学质量和教学能力。

（三）科研成果和学术影响力

教师的科研成果和学术影响力是评定职称的重要指标之一。教师需要在相关领域进行研究，并取得一定的科研成果，包括论文发表、项目承担、专利申请、学术会议报告等。

科研成果和学术影响力是评定教师职称的重要依据之一。教师需要在相关领域积极从事科研活动，并取得一定的科研成果以体现自己的学术能力。科研成果可以包括论文发表、项目承担、专利申请、学术会议报告等方面。其中，论文发表是评估科研成果的重要指标，特别是高水平期刊上的发表对教师的职称评定具有较大的影响。此外，教师是否参与和承担科研项目、是否申请专利、是否在学术会议上进行报告等也会对评定职称产生影响。

教师的学术影响力也是评定职称的重要指标之一。学术影响力可以体现在教师的学术交流活动中，如被邀请参加学术会议演讲、担任学术期刊编委。

（四）教育服务和社会贡献

除了教学和科研方面的表现，教师的职称评定还将考虑其教育服务和社会贡献。教师需要积极参与学院及社会各项教育活动，推动教育发展，为学生和社会做出积极贡献。

教育服务和社会贡献是评定教师职称的重要依据之一。教师应该积极参与学院内外的各类教育活动，如学科竞赛、学术交流会、教育培训等。教师应该在自己的专业领域内分享知识和经验，促进学生的全面发展，并为他人提供教育支持和指导。

此外，教师的社会贡献也会对职称评定产生影响。教师应该积极参与社会公益活动，为社会做出有意义的贡献。例如，教师可以组织社区教育项目、参与公益教育机构的工作、担任学校社团指导老师等。通过这些社会贡献，教师能够展现自己的责任感和社会担当。

因此，教师在申请职称时应该提供相关的教育服务和社会贡献证明材料，包括参与的教育活动、对学生和社会的积极贡献等，以体现自己在教育服务和社会发展方面的价值和影响力。

三、教学质量评价体系的建设

（一）构建全面评价指标体系

为了确保教师的教学质量评价客观和全面，产业学院应该构建一个多维度的评价指标体系。这个体系应包括以下几个方面的评价指标：

1.学生评价

学生对教师教学表现的评价是重要的参考指标之一。可以通过学生满意度调查、课堂反馈和评估问卷等方式获得学生对教师的意见和建议。在评价过程中，可以考虑到学生的参与度、学习成果和教学效果等因素。

2.同行评议

同行评议是指由其他教师对教师的教学进行评价。可以通过定期组织同行观摩、课堂评课和教学互访等方式，实现教师之间的互动和经验分享。同行评议应该注重教师的教学设计和教学方法，以及教师与学生的互动和教学环境等方面。

3.教学反馈

教学反馈可以通过教学观察和交流方式进行，包括对教师的教学技巧、课堂管理、学生参与度等进行评价。反馈可以来自教育专家、教研组长、校领导等人员，以及学生和家长的意见反馈。教学反馈应该注重针对性和建设性，帮助教师发现问题并改进教学。

4.教学成果

教学成果包括学生的学习成绩、教师的教学研究成果以及学校的教育质量评估等方面。可以通过学生的考试成绩、期末评估、学科竞赛成绩等来评价教师的教学成果。同时，也应该鼓励教师积极参与教学研究并发表相关论文和著作，以衡量教师在教学研究方面的贡献。

通过构建全面评价指标体系，产业学院可以真实地反映教师的教学水平和效果，促进教师的教学质量提升和自我反思。

（二）鼓励教学创新和多元化教学方法

为了培养拥有创新精神和适应教育变革的教师队伍，产业学院应该鼓励教师进行教学创新和采用多元化的教学方法。具体的举措包括以下几个方面：

1.提供相关培训和支持

为教师提供创新教学方法的培训和指导，帮助他们了解和掌握先进的教育技术工具和教学策略。这可以通过举办教育技术培训班、教学设计研讨会等方式来实现。

2.倡导教师团队合作

鼓励教师之间的合作和经验分享，促进多元化教学方法的交流和应用。可以设立教师团队，组织教研活动、课题研究等，共同探索创新的教学模式和方法。

3.提供教学资源支持

为教师提供充足的教学资源，包括教材、教具、实验设备等，以支持他们采用多元化的教学方法。同时，也要提供数字化教学平台和在线学习资源，以满足教师和学生的个性化学习需求。

通过鼓励教师进行教学创新和采用多元化的教学方法，产业学院可以提高教学的活跃度和吸引力，培养学生的创新思维和实践能力。

（三）建立定期评估机制和持续改进机制

为了确保教学质量的稳步提高，产业学院应该建立定期评估机制和持续改进机制。具体的做法包括以下几个方面：

1.定期评估和反馈

设立定期的教学评估周期，对教师的教学进行全面评估和反馈。评估可以包括学生评价、同行评议和教学反馈等多个方面。通过评估结果，及时发现问题并提出改进意见和建议。

2.教师自主评估和同行评课

鼓励教师进行自主评估，反思自己的教学过程和效果，并与其他教师进行同行评课和经验交流。这可以通过教研活动、教学观摩和教学研讨会等方式来实现。

3.持续改进机制

建立一个有效的教学改进机制，将评估结果和教师反馈转化为具体的行动和改进措施。学校可以组织相关培训和支持，包括教师专业发展计划、教学方法培训和教学资源支持等，帮助教师不断提升教学水平和能力。

通过建立定期评估机制和持续改进机制，产业学院可以及时了解教师的教学效果和需求，为他们提供相应的支持和反馈，推动教学质量的不断提高。

（四）提供教师培训和发展机会

为了帮助教师提升教学水平和能力，产业学院应该提供专业的培训和发展机会。具体的措施包括以下几个方面：

1.教学方法培训

组织教学方法的培训班，帮助教师了解和掌握各种先进的教学方法和技巧。培训内容可以包括课堂管理、个性化教学、创新教学策略等方面。

2.课程设计培训

提供课程设计的培训和指导，帮助教师设计出富有启发性和趣味性的课程。培训内容可以包括课程目标和内容设计、教学活动和评估方法等方面。

3.教育技术培训

为教师提供教育技术的培训和支持，帮助他们灵活运用教育技术工具和资源进行教学。培训内容可以包括教学平台的使用、教育应用软件的操作和网络教学的实施等方面。

此外，还可以建立教师专业发展计划，根据教师的需求和发展方向，制定个性化的培训和发展计划。通过提供继续教育的机会和资源，帮助教师不断学习和成长。

第五章　高等职业院校产业学院的实习实训与就业指导

第一节　产业学院的实习实训机制与规范

一、实习实训计划的制订与管理

（一）制订实习实训计划

产业学院针对不同专业和学科特点，应制订具体的实习实训计划。首先，需要明确实习实训的目标，如提升学生的实践能力、培养职业素养、加深对专业知识的理解等。其次，根据学科要求和学生的发展需求，确定实习实训的内容和任务，包括理论学习、实际操作、项目实践等环节。同时，要合理安排实习实训的时间，确保学生可以充分参与，并避免与课程安排冲突。最后，需要考虑实习实训的评估方式和标准，以便对学生的表现进行综合评价。

（二）管理实习实训计划

为了保证实习实训计划的顺利执行，产业学院应建立健全管理机制。首先，可以成立实习实训计划管理小组，由专家学者和企业导师组成，负责计划的制订、调整和执行等工作。他们可以根据市场需求和行业发展趋势，对实习实训计划进行定期评估和优化。其次，学院需要建立实习实训计划的信息化管理系统，方便学生查看、选择和报名相关项目。同时，还要加强对实习实训计划的监督和评估，及时了解学生和企业对项目的反馈和需求，不断改进项目内容和形式。

（三）选择实习实训项目

为了满足学生的个性化需求，产业学院应提供多样化的实习实训项目供学生选择。首先，学院可以根据学生的专业方向和兴趣爱好，进行指导和推荐，帮助他们选择适合自己的实习实训项目。其次，学院需要与相关企业和机构建立紧密联系，积极开展校企合作，为学生提供更多的实习实训机会。可以与企业签订合作协议，共同开展实践项目，让学生在真实的工作环境中进行实习实训。最后，学院与企业可以组织实习实训招聘会或交流活动，搭建桥梁，为学生提供更多的就业机会和实践平台。

二、实习实训的组织和指导

（一）实习实训组织

为了保证实习实训的质量和效果，学院应该建立一个完善的实习实训组织机构和管理体系。具体包括以下几个方面：

1.成立实习实训中心

学院成立实习实训中心，负责统筹协调各专业的实习实训活动。中心设立专门的部门或工作小组，负责实习实训计划的制订、实施和评估等工作。

2.组建实习实训指导团队

学院应该组建实习实训指导团队，由专业教师和企业导师组成。团队成员应该具备丰富的实践经验和专业知识，能够为学生提供有效的指导和支持。

3.制订实习实训计划

学院应制订详细的实习实训计划，包括实习时间安排、实习任务分配、实习地点选择等内容。计划要综合考虑学生的学习需求和实际情况，确保实习实训的全面性和针对性。

4.确定实习实训合作企业

学院应与相关企业建立合作关系，为学生提供实习实训的机会和平台。选择合适的企业可以与学院的专业特点相匹配，使实习实训与学生所学专业紧密结合。

（二）实习实训指导

实习实训指导是学院对学生实施的重要教学环节。为了确保实习实训的有效进行，需要采取以下措施：

1.指导团队培训

学院应为实习实训指导团队提供必要的培训和指导，增强他们的专业知识和教学能力。培训内容可以包括实践教学方法、学生指导技巧等方面的内容。

2.学生实习实训需求分析

指导团队应该与学生进行需求分析，了解他们在实习实训过程中需要的支持和帮助。根据学生的实际情况和需求，制订个性化的指导计划。

3.实习实训任务分配

指导团队应根据学生的实习实训方向和专业要求,合理安排实习实训任务。任务分配要考虑学生的能力和兴趣，使其能够充分发挥自身优势。

4.实习实训过程监督与评估

指导团队应及时对学生的实习实训过程进行监督和评估。可以采用实习日志、实习报告、实习成果展示等方式，了解学生的实习情况，并及时给予指导和反馈。

（三）实习实训辅导

为了提高学生的实习实训效果和能力，学院应提供相关的辅导服务。具体包括以下几个方面：

1.技能培训辅导

学院可以组织技能培训课程，帮助学生提高实习实训需要的专业技能。可以邀请企业专业人员或行业专家进行培训，提供实际操作指导和经验分享。

2.职业素养培养

学院应注重培养学生的职业素养和综合能力。可以开设相关的课程或活动，提升学生的沟通能力、团队合作能力、问题解决能力等。

3.实习报告写作指导

学院可以提供实习报告写作指导，帮助学生撰写规范、准确的实习报告。可以进行写作讲座、撰写指南等形式的辅导，引导学生进行实习经历和成果的总结。

4.学业规划咨询

学院提供学业规划咨询服务，帮助学生进行个人发展规划。可以安排专业指导教师或职业规划专家与学生进行一对一的咨询,提供个性化的建议和指导。

（四）实习实训经验分享

为了促进学生之间的交流和学习,学院应鼓励有经验的学生和企业导师与其他学生分享实习实训的经验和心得。具体可以采取以下措施：

1.组织座谈会和讲座

学院可以组织座谈会和讲座等形式的活动,邀请有经验的学生和企业导师分享实习实训的经验和心得。可以通过讨论和交流,激发学生的学习兴趣和思考能力。

2.学生实习实训展示

学院组织学生实习实训成果展示活动,让学生有机会展示自己在实习实训中所取得的成果和经验。可以邀请企业代表或行业专家参与评审和点评,提供专业意见和建议。

3.创建在线交流平台

学院创建一个在线交流平台,供学生进行实习实训经验的分享和讨论。学生可以在平台上发布自己的心得体会,与其他学生交流互动,促进彼此之间的学习和成长。

4.学生团队合作项目

学院组织学生团队合作项目,让学生在实践中学习和成长。团队项目可以模拟实际工作环境,让学生通过合作完成任务,提高团队协作和解决问题的能力。

三、实习实训的评估与考核

（一）评估指标制定

学院为了科学有效地评估实习实训的成效,需要制定科学合理的评估指标。评估指标应涵盖多个方面,包括但不限于实习实训目标的达成程度、实习实训任务的完成情况以及实习报告的质量。评估指标既要注重学生对专业知识的掌握程度,也要注重学生的实际操作能力和问题解决能力。

在制定评估指标时,可以考虑以下几个方面：

1.实习实训目标的达成程度

评估指标可以包括学生在实习实训中是否能够达到既定的学习目标。这可以通过学生在实习期间所参与的项目、任务完成情况以及实践能力的发展来评估。例如，对于计算机科学专业的学生，可以考察他们在实习期间是否能够独立完成一定复杂度的编程任务，是否能够运用所学知识解决实际问题。

2.实习实训任务的完成情况

评估指标可以包括学生在实习期间完成的任务情况。这可以通过实习导师或指导教师的观察和记录来评估。例如，对于工程实习，可以评估学生在项目中的角色和职责是否得到落实，是否按时完成任务，并且能否有效地与团队合作。

3.实习报告的质量

评估指标可以包括学生所提交的实习报告的质量。实习报告应包括学生对实习内容的理解、实际操作的描述以及问题解决方案的提出。评估可以根据实习报告的结构、内容清晰度、论述逻辑等方面进行。此外，还可以考查学生对实习经历的总结和自我反思的能力。

4.实践能力和创新能力

评估指标可以包括学生在实习实训过程中展现的实践能力和创新能力。这可以通过学生在实践中的技能应用、解决问题的能力以及对项目或任务的改进提出的建议来评估。例如，对于市场营销专业的学生，可以考察他们在实习期间制定的营销策略的创新性和实施效果。

评估指标的制定应结合实习实训的目标与要求，确保评估过程能够准确反映学生在实践中的表现，并为后续改进提供参考依据。

（二）评估方式选择

学院在评估实习实训过程中，可以采用多种评估方式。各种评估方式各有优劣，可以根据实际情况灵活选择，并可以组合使用，以获取更全面和准确的评估结果。

以下是几种常见的评估方式：

1.实习报告的书面评估

学生可以提交实习报告，对实习期间的经历、所做的工作、遇到的问题以及解决方法进行描述和总结。实习报告可以作为评估学生对实习内容的理解与总结能力的重要依据。

2.实习成果的展示评估

要求学生向评委或专业导师展示实习期间的实际操作成果或展示实习项目的成果。评委或导师可以通过对展示内容的观察和评估来衡量学生的实践能力和专业水平。

3.实习导师的评价

实习导师可以从专业角度给予学生指导和评估意见。实习导师可以通过与学生的日常交流和观察学生在实习期间的表现来评估学生的综合能力和实践能力。

评估方式应根据实习实训的特点和目标来选择，确保评估结果具有客观性和可靠性。

（三）考核标准确定

学院在实习实训过程中，应明确实习实训的考核标准，并向学生进行详细说明。考核标准应包括实习实训的基本要求和要求达到的水平，以便学生了解自己需要达到的目标和要求。

考核标准的确定可以考虑以下几个方面：

1.实习报告的要求

明确实习报告的结构、内容、表达和归纳总结的要求。例如，对于报告的格式要求、内容丰富度、逻辑性和语言表达质量等方面进行明确。

2.实习任务完成情况的要求

明确对实习任务的完成情况的要求，如学生在规定时间内的任务完成情况、实际操作的准确性和完整性等。

3.实践能力和创新能力的要求

明确对学生实践能力和创新能力的要求。这包括学生在实践过程中的问题解决能力、团队协作能力、创新思维能力和实际应用能力等方面的评估。可以通过实习任务的复杂度、创造性以及学生在实践中展现的能力来评价。

（四）实习实训反馈

学院应及时给予学生实习实训的反馈意见，并帮助学生总结经验和提出改进建议。在实习结束后，学院可以对学生的实习表现进行综合评价，指出学生的优点和不足之处，并提供具体的建议和改进方向。

1.及时反馈实习表现

学院应该在实习期间及时与学生进行沟通，给予他们关于实习表现的反馈意见。这可以通过定期组织实习指导会议、实习报告的评审、实践任务的评估等方式进行。通过正式或非正式的反馈渠道，学院可以及时了解学生在实习实训中遇到的问题和困难，并提供相应的指导和帮助。

2.综合评价实习表现

在实习结束后，学院可以对学生的实习表现进行综合评价。评价的内容可以包括实习任务完成情况、专业知识和技能的掌握程度、实践能力和创新能力的展现、团队合作能力等。同时，还可以评价学生的自我反思和成长，以及在实习过程中展现的积极性和职业素养。通过综合评价，学院可以对学生的整体表现进行分析，指出其优点和不足之处。

3.提供具体建议和改进方向

在评价中，学院应该给学生具体的建议和改进方向。这些建议可以针对学生在实习实训过程中遇到的问题和不足，以及他们未来发展需改进的方面提出。例如，针对实习任务完成情况不理想的学生，可以提出时间管理和任务规划的建议；针对专业知识和技能不够扎实的学生，可以提出补充学习和实践的建议；针对实践能力和创新能力有待提升的学生，可以提出加强实践机会和培养创造性思维的建议等。通过具体的建议和改进方向，学院可以帮助学生明确自身的发展方向，提高实习实训的效果。

此外，学院还应与学生进行个别或集体的面谈，了解实习实训的感受和问题，为后续实习实训工作的改进提供参考。通过与学生的面谈，学院可以更深入地了解他们对实习实训的评价和建议，及时调整和改进实习实训的内容和方式。

第二节 产业学院的实习实训基地与资源支持

一、实习实训基地的建设与管理

（一）实习实训基地的选址和规划

实习实训基地的选址应根据产业学院的专业特色和实习实训需求来确定。优先选择离校区较近、交通便利的地点，以方便学生前往实习实训基地。同时，还要考虑基地的面积、环境条件和周边配套设施等因素，确保实习实训基地能够满足学生的实习需求。

在基地规划方面，需要考虑到不同专业的实习实训需求，划分出不同的区域或场所。例如，可以设置电子实验室、机械加工车间、化学实验室等专业实习场所，以满足学生在不同专业领域的实习需求。

（二）实习实训基地的建设和设施完善

实习实训基地的建设需要投入适当的资金和资源，确保基地的设施完善，并能满足学生的实习实训需求。

首先，需要购置先进的实训设备，以提供学生进行实际操作和实验的条件。例如，针对机械专业的实训，可以购置先进的数控机床和焊接设备；针对电子专业的实训，可以购置先进的电子元器件和工具。

其次，需要建设适合实习实训的场所和实验室。这些场所和实验室应当符合相关安全规范，并能提供学生进行实际操作和实验的空间。

最后，需要考虑到实习实训基地的配套设施，如教室、图书馆、宿舍等，以方便学生的学习和生活。

（三）实习实训基地的管理机制

为了确保实习实训基地的正常运行和管理，需要建立一套科学的管理机制。

首先，需要制定详细的实习实训管理规定和流程，明确学生和教师在实习实训中的权责和行为准则。

其次，需要建立健全的实习实训管理团队，负责基地的日常管理和运营。该管理团队应由专业教师和专业技术人员组成，具备相关专业知识和管理经验。

最后，需要建立实习实训基地的监督和评估机制，定期对基地的运行情况进行检查和评估，以确保基地能够持续改进和提升实习实训质量。

（四）实习实训基地与产业合作

为了提高实习实训的实效性和就业竞争力，实习实训基地应与相关产业进行合作。

可以与当地企业、行业协会等建立合作关系，开展联合实习项目。通过与企业的合作，可以提供学生与实际工作环境接轨的机会，增强他们的实践能力和就业竞争力。

同时，实习实训基地还可以组织专业交流活动和讲座，邀请企业代表和行业专家来校进行讲解和指导，提供学生与企业代表、行业专家直接交流的平台。

二、实习实训资源的开发与利用

（一）实习实训资源的评估和开发

实习实训资源的评估和开发是为了确定适合实习实训的资源，并满足学生的实习需求。评估可以采用调查问卷、专家评审等方式，评估指标包括资源的先进性、可操作性和适用范围等。评估结果可作为资源开发和利用的依据，对符合实习实训要求的资源进行开发和利用。

通过调查问卷收集学生对实习实训资源的需求和反馈意见。问卷中可以包括学生在实习实训过程中遇到的问题、对已有资源的评价、对未来资源需求的期望等。此外，可以邀请专家进行评审，根据其专业经验和意见对资源进行评估。

评估指标可以包括资源的先进性，即资源是否具备最新的技术和理论水平；可操作性，即学生是否能够方便地使用资源进行实践操作；适用范围，即资源是否能覆盖不同专业和实习实训阶段的需求。

评估结果可为资源开发和利用提供依据。对于评估结果得分较高的资源，可以进一步开发和利用。开发可以包括改进、补充和创新资源内容，以满足不同阶段和专业的需求；利用可以通过整合和共享实习实训资源，提高资源利用效率。

（二）实习实训资源的整合和共享

实习实训资源的整合和共享是为了充分发挥各部门或学院的资源优势，提高实习实训资源的利用效率。可以建立资源管理平台，将各部门或学院的实习实训资源进行统一管理和分类。通过平台的共享功能，学生和教师可以方便地查找和利用实习实训资源。

同时，还可以与其他高校或研究机构进行资源共享，通过合作共享的方式，拓宽实习实训资源的来源和范围。可以建立跨校合作的平台或机制，促进资源共享和交流，为学生提供更多元化的实习实训资源。

（三）实习实训资源的更新和优化

随着产业技术的不断发展，实习实训资源也需要不断更新和优化，以满足学生的实习需求。

可以定期评估和审查实习实训资源的使用情况，了解学生的反馈和建议，及时进行资源的更新和优化。

此外，还可以开展与企业合作的项目，引入最新的实习实训资源，提供学生与实际工作环境接轨的机会。

（四）实习实训资源的培训和指导

为了提高学生对实习实训资源的有效利用，可以提供培训和指导服务。首先，可以组织针对不同专业和实习实训阶段的培训课程，帮助学生了解和熟悉实习实训资源的使用方法和技巧。培训内容包括实验操作技能、设备使用注意事项等。

其次，可以安排专业教师或实习指导员进行现场指导，帮助学生充分利用实习实训资源进行实践操作和实验研究。指导员可以根据学生的实际需求，提供专业的指导和建议。同时，还可以为学生提供实习实训资源的使用手册和教程，方便随时查询和学习。这些手册和教程可以包括设备操作步骤、实验设计方法、数据处理技巧等内容。通过培训和指导，学生可以更好地利用实习实训资源，提高实践能力和学习效果。

三、实习实训设备与技术支持

（一）设备采购与更新

设备采购与更新是为了满足实习实训的需求，必须进行及时、准确的决策和执行。首先，产业学院可以与厂商进行合作，选择性价比高的设备。通过与多个厂商进行沟通和比较，了解市场上不同设备的特点、性能和价格，以确保选购到质量可靠、性能稳定的设备。

其次，在决策过程中，需要综合考虑实习实训的具体需求、预算限制和设备的功能要求。可以根据实习实训教学内容和目标，确定需要的设备种类和数量，并明确设备的技术规格和性能指标。对于同一类型的设备，可以邀请厂商提供样机进行试用评估，以便更好地了解设备的实际表现。

再次，还需要考虑设备的质量和售后服务。可以通过查阅厂商的资质证书、产品认证等信息，评估厂商的信誉和产品质量。同时，要了解厂商的售后服务政策和技术支持能力，以便在设备出现故障或需要升级时能够得到及时的支持和解决方案。

最后，针对存在更新需求的设备，可以根据技术发展动态进行评估和决策。定期跟踪行业的技术前沿和新设备的应用情况，了解新技术对实习实训的影响和价值。如果发现现有设备已经无法满足实习实训需求或新技术可以提高实习实训的教学效果，可以考虑进行设备的更新或升级。

（二）设备维护与保养

设备的维护与保养是确保实习实训设备正常运行的关键步骤。只有保持设备的良好状态，才能保证实习实训的顺利进行。

首先，需要制订设备维护计划和保养流程。根据设备的特点和使用频率，确定设备维护的责任人和维护频次。可以根据厂商提供的维护手册和建议，制订相应的保养计划，并明确维护的具体内容和方法。

其次，定期检查设备的工作状态。可以根据实际情况制订定期巡检计划，对设备进行外观、功能和安全性的检查，确保设备没有损坏或潜在故障。对于一些易受损部件或润滑部件，可以根据设备维护手册的指导进行更加细致的检查和保养，以确保设备的正常运行。

再次，进行设备的清洁和润滑。清洁设备可以去除尘埃、污垢等杂质，保持设备的外观整洁，防止杂质影响设备的正常运行。润滑设备可以减少磨损和摩擦，延长设备的使用寿命。可以根据设备维护手册的指导，选择适当的清洁剂和润滑剂，并按照规定的方法进行操作。

最后，建立设备故障处理机制。及时解决设备故障，可以避免设备出现大面积故障而影响实习实训。可以建立设备故障报修流程，明确故障的报修方式和责任人，并设立专门的维修团队或与维修商合作，提供及时的维修服务。

（三）技术支持与培训

为了能够正确操作和使用实习实训设备，提供相应的技术支持和培训服务是必不可少的。

可以邀请设备厂商或专业技术人员进行设备操作培训，帮助学生掌握设备的使用方法和技巧。培训内容可以包括设备的基本操作、常见故障处理和维护保养等方面。可以根据实习实训的具体需求和学生的水平安排培训课程，并提供实际操作的机会，让学生能够自主操作设备，加深理解和掌握。

同时，可以建立技术支持团队，为学生提供设备故障排除和技术咨询的服务。可以指定专门的技术支持人员或设立技术支持热线，接受学生的咨询和报修请求，并及时回应和解决问题。技术支持团队可以通过电话、邮件、在线聊天等方式与学生进行沟通，提供远程指导和支持。

在实施技术支持和培训过程中，可以建立反馈机制，收集学生对设备使用和培训效果的意见和建议。可以通过问卷调查、面谈或座谈会等方式收集反馈，并针对问题和需求进行改进和优化。定期评估和更新培训材料和内容，以确保培训的及时性和有效性。

此外，还可以通过建立在线资源平台来提供技术支持和培训资料。可以将设备操作手册、教学视频、常见问题解答、维护保养指南等相关文档和资料上传至平台，学生可以随时浏览和下载。平台上还可以设置交流论坛或社区，让学生之间可以互相分享经验、解答问题，形成学习共同体，提高学生对设备的理解和应用能力。

第三节 产业学院的就业指导与就业服务

一、就业指导体系的建立与完善

（一）就业指导体系的建立

为了更好地帮助学生就业，产业学院应建立一个完善的就业指导体系。这个体系包括明确的机构设置、职责划分和工作流程，以确保就业指导工作的高效运行和有效实施。

首先，可以设立一个专门的就业指导中心或相关部门，作为学院就业指导工作的统筹和协调机构。该中心或部门应由经验丰富、熟悉就业市场的专业人员组成，负责制定和执行学院的就业指导政策和计划。

其次，就业指导中心应与学院的教育和培训部门、实习实训基地等相关部门建立紧密联系，形成协同合作的工作机制。通过充分利用学院内外的资源，为学生提供全方位的就业指导服务。

在机构设置上，可以设立以下几个职能部门：

1.就业政策研究与解读部门

负责及时收集和研究国家和地方的就业政策，对政策进行解读和分析，及时向学生和教师宣传相关政策的内容和影响。

2.就业信息咨询部门

负责收集、整理和发布有关就业信息，包括行业动态、用人需求、职业岗位等信息，帮助学生了解就业形势和就业市场的变化趋势。

3.就业能力评估与指导部门

负责开展学生就业能力评估，通过评估工具和方法，帮助学生全面了解自身的就业竞争力和发展方向。并根据评估结果，提供相应的就业指导和培训，帮助学生提升就业能力。

4.就业创业辅导部门

负责为有创业意向的学生提供专业的创业指导和支持，包括商业计划书编写、创业项目评估等方面的服务。

5.就业数据管理与统计部门

负责建立和维护学生就业信息的数据库，及时统计和分析毕业生的就业情况，为学院领导和相关部门提供决策参考。

在工作流程上，就业指导中心可以按照以下步骤进行工作：

1.收集就业信息和政策

及时搜集和整理有关就业信息和政策，准确把握就业市场的动向和政策的变化。

2.分析就业形势

对搜集到的就业信息和政策进行分析和研究，评估就业形势和趋势，为学生提供准确的就业指导。

3.就业能力评估

通过开展就业能力评估，帮助学生了解自身的优劣势和发展方向，制定个性化的就业规划。

4.提供就业指导和培训

根据学生的就业需求和评估结果，提供个性化、针对性的就业指导和培训，帮助学生提升就业能力和竞争力。

5.定期进行就业跟踪和评估

对毕业生的就业情况进行跟踪和评估，及时调整和改进就业指导工作，提高指导的效果和质量。

（二）就业政策解读与宣传

就业指导中心在学院的就业指导工作中扮演着重要角色。其中，解读学院和国家有关就业政策并向学生宣传相关政策的内容和影响，是其工作的重要职责之一。通过及时解读和宣传就业政策，可以帮助学生及时了解就业形势和政策变化，为他们制定合理的就业规划提供参考和支持。

首先，就业指导中心应密切关注学院和国家颁布的各项就业政策文件。这些政策文件包括行业发展规划、就业学生的就业意义重大。通过对这些政策文件的仔细研读和理解，就业指导中心可以充分把握政策的精神和要求。

其次，就业指导中心需要将政策的内容和影响及时传达给学生。可以通过多种方式进行宣传，如组织就业政策讲座、发布政策相关信息、制作政策宣传手册等。在宣传过程中，需使用简明易懂的语言，将政策内容进行解读，并针对学生的特点和需求，阐述政策对他们的影响，以使学生能够充分了解政策的具体要求、优势和应对策略。

再次，就业指导中心还应定期组织与就业政策相关的活动，如举办就业政策咨询会、邀请专家举办讲座等，为学生提供更直接、互动的交流平台。这些活动有助于学生通过与专家的互动交流，更全面地了解就业政策的内涵和实施细则，并能够就个人情况和就业目标进行更具针对性的咨询。

总之，就业政策解读与宣传是就业指导中心重要的工作内容之一。通过及时解读和宣传就业政策，可以帮助学生深入了解就业形势和政策变化，提前做好应对准备。同时，也能够为学生提供就业规划和决策的指导，引导他们正确把握就业机会，提高就业竞争力。

（三）就业能力评估与指导

为了帮助学生全面了解自身的就业竞争力和发展方向，产业学院可以通过开展就业能力评估来为学生提供个性化的就业指导和培训。就业能力评估是一种客观、科学的评估方法，通过对学生各方面能力的测评，为他们提供有针对性的发展方向和就业建议。

首先，就业指导中心可以制定一套完善的就业能力评估体系和评估工具。这些评估工具可以包括书面测试、实践操作、面试模拟等形式，通过考察学生的专业知识、实际操作能力、沟通表达能力、团队合作能力等方面，全面评估学生的就业能力。

其次，就业指导中心可以根据评估结果为学生提供个性化的就业指导和培训。根据学生在不同能力维度上的得分情况，对其优势和不足进行分析，并提出相应的发展建议。例如，对于某些学生来说，他们在专业技能方面可能有较强的能力，但在沟通表达能力方面有所欠缺。那么，就业指导中心可以针对这一问题，提供相应的沟通表达培训和指导，帮助学生提升相关能力。

最后，就业指导中心还应关注学生的兴趣和职业偏好，结合评估结果为他们提供就业推荐和行业就业趋势分析。通过了解学生的兴趣爱好和职业目标，可以将就业指导更加个性化，使学生更清楚地了解自己适合从事哪些职业，并了解相关行业的发展前景和就业机会。

二、职业生涯规划与指导

（一）职业兴趣测试和个人素质评估

就业指导中心可以组织职业兴趣测试和个人素质评估，通过科学的评估工具和方法，帮助学生深入了解自己的职业兴趣和个人素质，为他们制定个人职业生涯规划提供参考。

职业兴趣测试可以通过一系列问题和题目，测量学生对不同职业领域的兴趣程度，了解他们在不同领域中的偏好和倾向。测试结果可以为学生提供一个客观且科学的参考，帮助他们了解自己的职业兴趣，并选择适合自己的职业方向。

个人素质评估可以评估学生在多个方面的能力和素质，如沟通能力、创新能力、团队合作能力等。通过评估结果，学生可以了解自己的优势和劣势，有针对性地发展和提升自己的能力，为职业发展做好准备。

（二）职业生涯规划咨询

就业指导中心可以设立职业规划咨询师团队，为学生提供个性化的职业生涯规划咨询服务。咨询师可以通过面谈和交流的方式，帮助学生明确自己的职业目标和发展路径，并制订相应的就业计划。

在职业生涯规划咨询中，咨询师可以根据学生的个人情况和兴趣特点，提供专业的建议和指导。他们可以与学生一起探讨不同职业领域的就业前景、发展趋势和需求，帮助学生制订实际可行的职业发展计划。

此外，咨询师还可以帮助学生解决职业困惑和就业难题，提供相应的解决方案和技巧。他们可以针对学生的具体问题，进行有针对性的指导和辅导，帮助学生克服困难，实现职业目标。

（三）职业生涯培训与辅导

产业学院可以组织职业生涯培训和辅导，提供职业技能和职场素养等方面的培训。培训内容可以包括职业技能的学习和提升，如实习实训、实践项目等；同时，也可以包括职场素养的培养，如沟通能力、领导力、时间管理等方面的训练。

通过职业生涯培训和辅导，学生可以获得更加全面和系统的职业素养和技能，提高他们在职业发展中的竞争力和适应能力。培训可以通过理论课程和实践操作相结合的方式进行，让学生在实际操作中学习和掌握所需的技能和知识。

（四）校友资源的利用

就业指导中心可以积极发挥校友资源的作用，组织校友分享会、就业导师制度等活动，为学生提供校外实践机会和职业导师的指导。

校友分享会可以邀请优秀校友回校分享工作经验和职业发展历程，帮助学生了解不同行业的就业前景和求职技巧。通过与校友的互动交流，学生可以从他们的成功经验中获得启示和借鉴，了解职业道路上的挑战和机遇。

就业导师制度可以与校友资源结合，为学生提供个性化的职业指导和辅导。通过与校友导师的交流和指导，学生可以获得更加直接和实践性的职业指导，掌握求职技巧和经验。

三、就业信息服务与推荐

（一）就业信息收集与整理

就业指导中心可以建立一个完善的就业信息收集和整理机制，以保证及时获取各类招聘信息、就业政策和行业就业动态等相关信息。该机制可以通过多种渠道获取信息，如与企业、行业协会和政府部门建立合作关系，定期与其沟通交流，获取最新的招聘信息和就业政策。

同时，就业指导中心还可以利用互联网和社交媒体等工具，收集和整理各类就业信息，如招聘网站、校园招聘平台、行业网站等。通过建立专门的信息收集团队，对收集到的信息进行筛选和整理，确保信息的准确性和及时性。

（二）就业信息宣传与推广

就业指导中心可以利用多种渠道和媒体，将重要的就业信息向全校学生宣传和推广，提高学生的就业信息获取率。

首先，就业指导中心可以建立微信公众号、官方网站等在线平台，将各类就业信息发布在这些平台上。通过定期更新，向学生推送包括招聘信息、就业政策和行业就业动态在内的相关内容，确保学生能够及时了解到最新的就业信息。

其次，就业指导中心可以利用校园广播、宣传栏、海报等传统媒体，将重要的就业信息展示在学生频繁出入的地方。通过多种形式的宣传和推广，提高学生对就业信息的关注度和获取率。

（三）招聘会和校园宣讲会组织

就业指导中心可以组织校内外企业举办招聘会和校园宣讲会，为学生提供与企业面对面交流的机会，并促进毕业生与用人单位的对接。

招聘会可以为学生提供一个集中了众多企业招聘信息的平台，使学生可以一次性了解到多个企业的招聘需求和岗位信息。就业指导中心可以与企业联系，邀请其参加招聘会，并为企业提供相应的场地和服务支持。

校园宣讲会可以邀请企业代表到校园内进行招聘宣讲，向学生介绍企业情况和招聘要求，并与学生进行面对面交流。这样的活动可以加强学生与企业之间的沟通与了解，促进双方的互动和匹配。

（四）就业推荐服务

就业指导中心可以与一些知名企业建立合作关系，开展毕业生就业推荐服务。通过与企业建立校企合作框架和交流机制，就业指导中心可以向企业推荐优秀的毕业生，并为毕业生提供更多的就业机会。

同时，就业指导中心还可以与企业签订校企合作协议，建立定期实习和就业推荐的机制。这样的合作可以增加学生与企业之间的联系和合作机会，提高学生的就业竞争力和就业机会。

四、创业指导与支持

（一）创业培训与指导

就业指导中心可以通过组织创业培训和指导活动来帮助有创业意向的学生。创业是一项复杂而具有风险的过程，学生需要了解创业所涉及的知识、技能和经验。因此，就业指导中心可以邀请成功的创业者、创业导师等专家和实践者，开展创业经验分享和创业技能培训，通过分享实际案例和经验教训，帮助学生更好地了解创业的全过程和面临的挑战。

就业指导中心在创业培训中，可以涵盖以下内容：

1.创业基础知识

介绍创业的基本概念、要素和流程，帮助学生了解创业的核心要素和基本原理。

2.商业计划书撰写

指导学生如何撰写全面、可行的商业计划书，包括市场分析、竞争分析、运营策略、财务预测等方面。

3.资金筹集和投融资

介绍创业资金的来源和筹集方式，讲解如何寻找投资机会、进行融资谈判等技巧。

4.创业团队组建

探讨如何选择合适的合作伙伴，搭建高效的创业团队，并讲解团队管理和协作的重要性。

5.市场营销与销售策略

教授市场定位、品牌推广、销售渠道等相关知识，帮助学生制定有效的市场营销策略。

通过创业培训和指导，就业指导中心可以提供学生所需的创业知识和技能支持，为有创业意向的学生提供全面的创业指导。

（二）创业项目孵化与扶持

产业学院可以设立创业孵化基地或创业加速器，为有创业项目的学生提供孵化和扶持服务。创业孵化基地是为初创企业和创业者提供办公场地、资源支持和创新服务的平台，旨在帮助创业者快速发展和成长。

创业孵化基地可以提供以下支持：

1.场地和设施支持

为创业者提供办公场地、会议室、实验室等基础设施，满足他们日常办公和实验的需求。

2.资金扶持

为创业项目提供种子资金、创业贷款等资金支持，帮助创业者解决创业初期的资金需求。

3.专业导师指导

安排具有丰富创业经验的导师团队，为创业者提供指导和辅导，帮助他们解决在创业过程中遇到的问题。

4.创业资源对接

协助创业项目与产业链上下游企业、投资机构、研究院所等建立联系，促进资源共享和合作发展。

5.培训和活动组织

举办创业培训班、创业沙龙、创业大赛等活动，为创业者提供学习交流的平台，拓宽他们的视野和思路。

通过创业孵化基地或创业加速器的设立，产业学院可以为有创业项目的学生提供全方位的支持与扶持，促进他们的创业发展。

（三）创业政策解读与服务

就业指导中心应及时解读创业政策，向有创业意向的学生提供相应的政策咨询和服务。创业政策是指国家和地方针对创业活动制定的各项政策措施，包括优惠政策、资金扶持、税收减免等方面。

就业指导中心可以开展以下工作：

1.政策解读

解读创业相关政策文件，如创业支持政策、创新创业激励政策等，向学生详细介绍政策内容、申请条件和申请流程。

2.政策咨询服务

为有创业意向的学生提供个性化的政策咨询服务，解答他们在申请创业政策时遇到的问题，帮助他们了解政策的具体要求和申请方式。

3.创业项目评估

针对符合创业政策条件的学生，就业指导中心可以开展创业项目的评估，帮助他们了解自身项目是否符合政策要求，并提供相应的项目优化建议。

4.创业政策宣传

通过举办创业政策讲座、发布政策相关信息等形式，向全体学生宣传创业政策的重要性和优惠政策，增强学生对创业政策的了解和认知。

5.创业政策申请辅导

为有创业意向的学生提供政策申请的具体指导和辅导，包括申请材料准备、申请流程指引等，帮助他们顺利完成政策申请过程。

通过创业政策解读与服务，就业指导中心可以帮助学生了解和把握创业政策动向，提供专业的政策咨询与服务，为学生提供更好的创业支持。

（四）创业资源对接与合作

就业指导中心可以积极与各种创业资源进行对接和合作，为学生提供更多的创业资源和合作机会。创业资源是指能够为创业者提供资金、技术、市场、人才等方面支持的各种资源。

就业指导中心可以开展以下工作：

1.与金融机构合作

与银行、风险投资机构等金融机构建立联系和合作，为学生提供融资渠道和资金支持，帮助他们解决创业过程中的资金问题。

2.与科技园区合作

与当地的科技园区、孵化器等建立合作关系，为学生提供场地租赁、资源分享、导师指导等支持，帮助他们快速发展和成长。

3.与企业家协会合作

与当地的企业家协会、行业协会等建立联系，为学生提供与企业家交流和合作的机会，促进学生与实践者的互动和合作。

4.与创投机构合作

与风险投资机构建立全方位合作，为学生创业提供资金支持与帮助，促进他们的创业成功。

第六章　高等职业院校产业学院的科研与社会服务

第一节　产业学院的科研方向与重点

一、科研领域的定位与规划

（一）确定学院的科研定位

产业学院作为服务国家战略和地方经济发展的重要机构，其科研定位应当紧密结合当地产业特点和需求，聚焦实际问题，提供解决方案，并促进产学研结合。具体来说，产业学院的科研定位可以包括以下几个方面：

1.产业需求导向

科研工作应紧密结合当地产业发展的实际需求，深入了解产业链条中的技术瓶颈和关键问题，通过科研成果为企业提供技术支持和创新方案，促进产业的升级和转型。

2.国家战略服务

产业学院的科研定位还应与国家战略保持一致，如积极参与国家"双一流"高水平大学和一线学科建设，为国家重大科技项目提供技术支持和解决方案。

3.地方经济发展支撑

作为地方高等教育机构，产业学院应发挥科研力量在地方经济发展中的支撑作用，为地方政府和企业提供智力支持和技术咨询服务，促进区域经济的发展。

（二）明确科研目标和任务

在确定了科研定位后，产业学院应明确科研目标和任务，以指导具体的科研工作。产业学院的科研目标可以包括以下几个方面：

1.推动产业升级和转型发展

通过科研成果的输出，促进相关产业的技术提升、产品创新和管理改进，推动产业的升级和转型发展。

2.提高企业竞争力和创新能力

通过科研成果的应用，提供技术支持和解决方案，帮助企业提高产品质量、降低成本、提高效率，增强企业的竞争力和创新能力。

3.推动区域经济发展

通过科研成果的转化和应用，促进地方经济的发展，促进区域优势产业的集聚和发展，推动地方经济的可持续增长。

产业学院的科研任务可以涵盖以下几个方面：

1.探索新兴产业发展路径

针对新兴产业的发展需求，开展前瞻性研究，探索该产业的发展路径、核心技术和创新模式，为企业提供技术支持和政策建议。

2.提升技术创新水平

针对产业链上的关键技术和领域，聚焦研究，提高技术创新水平，解决关键技术难题，推动相关产业的创新发展。

3.促进产业集群建设

通过科研工作，推动产业集群的形成和发展，促进企业之间的合作和资源共享，提升整个产业集群的竞争力和创新能力。

（三）制订科研计划和项目申报

产业学院在明确了科研定位、目标和任务后，应根据实际情况制订科研计划，并组织教师积极申报各类科研项目。具体步骤如下：

1.科研计划制订

根据学院的科研定位和目标，制订科研计划，明确计划中的科研项目数量、研究方向、时间安排等内容。

2.项目申报准备

组织教师进行科研项目的申报准备工作，包括项目论证、项目方案编写、预算编制等。

3.项目申报与评审

根据各级科研项目的申报周期和要求，及时完成项目申报工作，并参与项目评审过程，争取项目的立项和资助。

通过科研计划和项目申报的组织和管理，产业学院可以有效地引导教师积极参与科研活动，提高科研水平和质量。

（四）建立科研团队

为了提高科研水平和影响力，产业学院应建立多学科交叉、专业对口的科研团队，并引进优秀的科研人才。具体措施如下：

1.团队建设规划

根据学院的科研定位和需求，制定科研团队建设规划，明确团队的学科结构和研究方向。

2.优化团队结构

通过引进和培养优秀的科研人才，优化团队的学术结构和能力配置，形成合作共事、协同创新的氛围。

3.加强团队管理

建立科研团队的组织架构和管理机制，设立科研团队负责人，制定团队的工作目标、计划和评估机制，以确保科研工作的顺利进行。

4.搭建合作平台

积极与企业、其他高校和科研院所等建立合作关系，开展科研项目合作和技术交流，扩大科研团队的影响力和合作范围。

5.提供科研支持

为科研团队提供必要的实验室设备、仪器和资源支持，提供科研经费和人员支持，确保团队成员能够专注于科研工作。

通过以上措施，产业学院可以建立起具有竞争力和影响力的科研团队，为产业发展和区域经济发展提供强大的科技支撑和智力支持。

二、科研重点与优势学科

（一）确定科研重点领域

产业学院作为一个综合性的教育机构，需要确定几个重点领域，以便更加专注地开展科研工作。通过确定科研重点领域，学院可以集中资源、整合力量，推动相关领域的科学研究和技术创新。

1.新材料与先进制造技术

新材料是当前科技发展的热点领域之一，对于促进产业结构优化升级和经济发展具有重要意义。在新材料与先进制造技术领域的科研工作中，学院可以聚焦于材料科学与工程、材料物理与化学等学科，并关注包括新型功能材料、高性能复合材料、纳米材料等方向的研究与创新。

2.智能制造与物联网

智能制造和物联网是未来工业发展的重要方向，对于提高生产效率、降低成本、实现可持续发展具有重要意义。在智能制造与物联网领域的科研工作中，学院可以聚焦于机械工程、电子信息工程、自动化等学科，并关注包括工业互联网、人工智能在制造业中的应用、智能控制系统等方向的研究与创新。

3.生物医药与健康产业

生物医药和健康产业是当前全球关注的重要领域之一，对于提高人民群众的健康水平、增加经济增长点具有重要意义。在生物医药与健康产业领域的科研工作中，学院可以聚焦于生物医学工程、药学、生命科学等学科，并关注包括药物研发、生物医学器械研制、基因工程技术应用等方向的研究与创新。

4.数字经济与创新创业

数字经济的发展已经成为推动经济转型升级的重要引擎，创新创业则是培育新产业、新业态的关键环节。在数字经济与创新创业领域的科研工作中，学院可以聚焦于经济学、管理学、计算机科学与技术等学科，并关注包括大数据分析、人工智能在商业领域中的应用、创新创业政策研究等方向的研究与创新。

通过确定科研重点领域，产业学院可以集中资源、整合力量，形成专业化的研究团队，建立科研项目及团队评估和奖励激励机制，推动相关领域的科学研究和技术创新，为产业发展和社会进步做出更多贡献。

（二）优化学科布局

在确定了科研重点领域后，产业学院可以进一步优化学科布局，加强相关学科的建设和发展。优化学科布局是为了更好地支撑和服务科研重点领域的研究和创新工作，提高学科的专业性和学术水平。

1.新材料与先进制造技术领域

在新材料与先进制造技术领域，学院可以加强材料科学与工程学科的建设，培养材料科学与工程、材料物理与化学等领域的高层次人才。学院可以引进国内外优秀的教师和研究团队，在材料设计、材料加工、材料性能测试等方面开展前沿研究和技术创新。

2.智能制造与物联网领域

在智能制造与物联网领域，学院可以加强机械工程、电子信息工程、自动化等学科的建设，培养具备跨学科知识和实践能力的人才。学院可以组织相关学科之间的合作与交流，推动智能制造和物联网技术的研发和应用，促进产业升级和转型。

3.生物医药与健康产业领域

在生物医药与健康产业领域，学院可以加强生物医学工程、药学、生命科学等学科的建设，培养具备医学、工程和生物学等多学科背景的人才。学院可以与医疗机构、企业和研究机构合作，推动药物研发、医疗器械研制和生物医学技术的应用，提高生物医药与健康产业的发展水平。

4.数字经济与创新创业领域

在数字经济与创新创业领域，学院可以加强经济学、管理学、计算机科学与技术等学科的建设，培养具备商业思维和创新创业能力的人才。学院可以建立创新创业教育体系，提供创新创业培训和孵化平台，支持学生和研究人员进行创新创业项目的孵化和实施。

通过优化学科布局，产业学院可以形成专业化的学科团队，并加强不同学科之间的合作与交流，提高学科的整体水平和影响力。同时，学院还可以制定科研项目和团队的奖励机制，激励教师和研究人员在相关学科领域进行创新研究和技术开发，推动学科的发展和创新能力的提升。

三、科研团队与人才培养

（一）建设科研团队

产业学院致力于建设一支高水平的科研团队，以满足产业发展和社会需求。

首先，学院将积极引进国内外优秀的科研人才。通过制定优惠政策和提供良好的工作环境，吸引具有卓越研究成果和创新能力的科研人员加盟学院。同时，学院还将加大招聘力度，引进在相关领域取得突出成果的学者和专家。

其次，学院将注重培养本土科研骨干。通过建立科研团队制度和培养计划，学院将选拔一批表现优秀、潜力巨大的青年教师和研究人员，为他们提供优质的科研资源和支持，培养他们在相关领域的深入研究和创新能力。

最后，学院将组织团队成员进行科研交流和合作。学院将定期举办学术研讨会、学术报告和专题讲座等活动，为团队成员提供展示和交流的机会。同时，学院将积极推动团队成员之间的合作，支持跨学科和跨部门的科研项目，促进不同领域的交叉与融合，提高团队的创新能力和科研水平。

（二）加强人才培养

为了提高科研人员的科研素养和创新能力，产业学院将加强人才培养工作。

首先，学院将组织科研方法和技巧的培训，为科研人员提供系统的研究方法和实践操作指导，加强他们的研究能力和创新思维。

其次，学院将鼓励科研人员参与国内外学术会议、学术交流和研讨活动，拓宽他们的学术视野，增强他们的专业素养和国际交流能力。学院还将建立优秀科研成果评选和奖励制度，激励科研人员在相关领域进行深入研究和取得重要成果。

最后，学院将支持科研人员申请各类科研项目和基金，为他们提供经费和资源支持，促进科研项目的顺利进行和取得突破性成果。学院还将建立科研成果转化机制，将科研成果有效地应用到产业发展中，推动科技创新与经济发展的有机结合。

（三）鼓励和支持学生参与科研

产业学院将积极鼓励学生参与科研项目，培养他们的科研兴趣和能力。学院将建立学生科研实践平台，为有意向从事科研的学生提供实践机会和指导。学院将与相关企业、科研机构等建立合作关系，为学生提供科研项目的参与和实施机会。

学院还将组织相关的科研讲座和培训课程，为学生提供科研方法和技巧的培训，指导他们进行科研课题的选题、设计和实施。同时，学院还将设置科研奖学金和评优机制，鼓励优秀学生在科研领域取得突出成果，提高他们的科研动力和创新意识。

（四）加强科研交流与合作

为了提高科研成果的转化和应用效果，产业学院将加强与企业、科研机构的科研交流与合作。学院将积极开展产学研合作项目，建立产学研联合实验室和技术创新中心，促进科研成果的转化和应用。

学院还将建立科研成果推广和技术转移机制，加强科研成果的推广和应用，帮助企业解决实际问题和提高核心竞争力。同时，学院将积极参与国际科研交流与合作，拓宽科研合作的广度和深度，提高学院在国际科研领域的影响力和竞争力。

第二节　产业学院的科研平台与资金支持

一、科研平台的建设与管理

（一）建设科研实验室和设备

产业学院在建设科研实验室和设备方面，可以采取积极投资的方式。首先，学院可以根据不同学科和研究方向的需求，制订详细的实验室建设计划。例如，对于生物科技研究，可以建设生物实验室、分子生物学实验室等；对于工程类研究，可以建设工程实验室、材料实验室等。通过有针对性地建设实验室，为教师和学生提供良好的科研条件，推动科研活动的顺利开展。

其次，学院需要提供先进的实验设备和仪器。通过购买和引进国内外最新的科研设备，满足教师和学生在科研过程中的需求。同时，学院可以与相关企业或科研机构合作，租借或共享一些高端设备，以减少设备采购的负担，并提高设备的利用率和效益。

最后，学院应加强对实验室的管理和维护工作。建立科学的实验室管理制度，确保实验室的安全和设备的正常运行。定期进行设备的维护和保养，及时更新和升级设备，以保证实验室的科研水平和效能。

（二）科研项目管理与评估

为了规范科研项目的申报、审批和管理流程，产业学院可建立科研项目管理机制。首先，设立科研项目管理委员会或相关部门，负责对科研项目进行审核和评估。委员会应由具有相关专业背景和丰富经验的专家组成，通过多方面的评估指标，如科学性、创新性、应用前景等，对项目进行综合评价，并提供决策依据。

其次，学院应建立项目进度和成果的监测与评估机制。对于已批准的科研项目，学院应建立相应的跟踪和管理机制，及时掌握项目的进展和成果情况，确保项目的顺利进行和达到预期目标。同时，学院还应制定科研成果评估的标准和方法，对已完成的项目进行成果评价，总结和分享项目的研究成果，提高科研成果的转化和应用效果。

（三）资源共享与合作

为了提高科研水平和创新能力，产业学院可以与其他科研机构或高校进行资源共享与合作。

首先，学院可以与相关研究机构或企业签订合作协议，建立良好的合作关系，共享各方的科研资源和人才优势。通过开展合作研究项目、共同申请科研基金等方式，实现资源的共享和优势互补，推动科研成果的转化与应用。

其次，学院可以积极参与国内外的学术会议和学术交流活动，扩大与其他高校和专家学者的联系和合作范围。通过参与学术会议和交流活动，学院可以了解最新的科研动态和前沿技术，促进学科交叉融合和创新思维的碰撞。

（四）人才培养与引进

为了提升学院的科研实力，产业学院应加强人才培养与引进工作。

首先，学院可以设置科研导师制度，招聘具有较高水平和丰富经验的科研导师，为学生提供科研指导和培养。导师应具备较高的科研水平和丰富的科研经验，能够指导学生开展科研工作，培养他们的创新能力和科学精神。

其次，学院可以通过引进优秀的科研人才，提升学院的科研实力。为引进人才提供相应的福利待遇和研究条件，提高工作环境和待遇，吸引更多优秀的科研人才加入产业学院。同时，学院还应加强人才培养工作，通过定期组织科研方法和技巧的培训，提高教师和研究人员的科研素养和创新能力。

二、科研合作与开放共享

（一）与企业科研合作

产业学院积极与企业建立良好的科研合作关系，旨在共同开展科研项目和技术创新。通过与企业的合作，学院可以深入了解市场需求和技术趋势，将科研成果转化为实际应用，推动产学研合作的深入发展。

首先，学院可以与企业签订合作协议，明确合作内容、方式、目标和责任分工等方面的要求。合作项目可以涉及产品研发、技术改进、工艺优化等领域，旨在提升企业的竞争力和创新能力。学院可以组织教师和学生参与到具体的合作项目中，发挥各自的专业优势，共同攻克技术难题，取得重要的科研成果。

其次，学院可以与企业建立联合实验室或技术研发中心，共享实验设备和技术资源。通过共建共享的平台，学院和企业可以加强交流与合作，提升科研实力和创新能力。学院可以将科研成果进行专利申请，保护知识产权，并与企业进行技术转移和产业化合作，实现科技成果的转化和商业化应用。

最后，学院可以邀请企业专家参与到教学和科研活动中，担任兼职教授或客座讲师，为学生提供实践培训和就业指导。通过与企业的紧密联系，学院可以更好地了解企业的需求和要求，调整和优化人才培养方案，培养适应社会和企业需求的高素质人才。

（二）与其他高校科研合作

学院可以与其他高校建立广泛的科研合作关系，共同开展国内外科研项目和学术交流。通过与其他高校的合作，学院可以拓宽科研合作的广度和深度，共享优质的教育资源和科研平台。

学院可以与其他高校签署合作协议，明确合作的内容、方式和目标。合作项目可以包括科研项目申报、联合科研团队组建、学术交流和成果共享等方面。通过定期交流和研讨，学院可以与其他高校分享研究经验、学术成果和最新进展，促进学术交流和学科交叉融合。

学院可以举办学术会议和研讨会，邀请国内外其他高校的专家学者来学院进行学术报告和交流。这不仅有助于提高学院的学术影响力和知名度，也为学生提供了广阔的学术交流平台，激发他们的创新思维和科研能力。

此外，学院还可以与其他高校共享教师和学生资源，开展师生互访交流和科研合作。通过交流与合作，学院可以拓宽师资队伍，引进优秀的教师和研究团队，提高科研水平和教育质量。

（三）开放共享科研成果

学院可以建立科研成果开放共享的机制和平台，鼓励教师和学生将科研成果公开分享。可以在学院网站或学术论文数据库上发布科研成果，提供免费下载或查阅服务，促进科研成果的共享和传播。

学院可以设立科研成果奖励制度，对取得重要科研成果的教师和学生进行奖励和表彰，激励他们积极从事科研工作。学院可以组织科研成果展览和交流活动，邀请相关领域的专家和学者进行评审和指导，提高科研成果的质量和影响力。

此外，学院可以积极申请科研项目和科研基金，为教师和学生提供良好的科研条件和支持。通过获取科研项目和科研资金，学院可以提高教师和学生的科研积极性和创新能力，推动科研工作的持续发展。

（四）学术会议和研讨会

学院可以定期组织学术会议和研讨会，为教师和学生提供学术交流的平台。可以邀请国内外的专家学者来学院进行学术报告和交流，推动学院科研活动的广度和深度。

学术会议可以围绕特定的学科领域或研究方向展开，邀请专家学者就该领域的最新研究成果和前沿技术进行分享和探讨，以促进学术交流和学科发展。学术会议可以采取线上或线下形式举办，利用现代科技手段进行远程交流和演示，提高会议的覆盖范围和参与度。

在学术会议上，教师和学生可以主动提交论文或报告摘要，并有机会进行口头报告或海报展示。会议的组织者可以安排专题讨论、分组讨论或小组活动，鼓励与会人员就特定的研究问题展开深入交流和合作。

学院还可以邀请知名学者和专家担任会议的特邀报告人或主持人，为与会人员提供专业的指导和点评。会议结束后，学院可以整理会议论文集或专辑，将优秀的研究成果进行出版和传播，提高学院的学术声誉和影响力。

除了学术会议，学院还可以组织定期的研讨会，以推动学院内部的科研交流和合作。研讨会可以聚焦于某个具体领域或研究方向，学院的教师和学生可以分享自己的研究进展和成果，互相交流和借鉴经验，促进科研工作的进展和提高。

研讨会可以设立专题报告环节，邀请学院内外的专家进行报告和讲座，分享他们在特定领域的研究成果和经验。此外，学院还可以组织学术讨论小组或研究小组，鼓励教师和学生在特定问题上展开深入探讨和合作，形成研究共识和创新思维。

通过学术会议和研讨会的举办，学院可以积极推动学术文化的建设，营造浓厚的学术氛围，激发教师和学生的创新热情和科研能力。同时，学术会议和研讨会也为学院与企业、其他高校和社会各界的交流提供了重要平台，促进资源共享和合作发展。

三、科研资金的申请与管理

（一）申请科研项目经费

为了促进科研项目的开展和推进学院的科研工作，学院可以采取以下措施来引导教师和学生申请各级科研项目经费：

1.提供项目申请指导

学院可以设立科研项目申请指导小组，为教师和学生提供项目申请指导。该指导小组可以向申请人介绍不同级别的科研项目，解答相关政策和流程问题，并提供模板和范例供参考。

2.鼓励申请优质项目

学院可以制定奖励机制，鼓励教师和学生申请具有创新性和重要性的科研项目。例如，设立科研项目评审委员会，通过评审结果和成果的贡献度给予额外的资金奖励或学术荣誉。

3.提供申报支持

学院可以为教师和学生提供申报科研项目的支持，包括协助撰写项目申请书、提供科研设备和实验场地等。同时，学院可以提供统计和分析等辅助数据，帮助申请人提高申请成功率。

4.定期检查和审计

学院可以设立科研项目经费的定期检查和审计制度，确保项目经费的合理利用和安全管理。通过对项目经费使用情况的跟踪和审核，及时发现并解决与资金使用相关的问题。

（二）建立科研资金管理体系

为了有效管理科研资金的使用和流转，学院可以建立科研资金管理体系，具体措施包括：

1.制定规章制度和流程

学院可以制定科研资金使用的规章制度和流程，明确资金的申请、审批、分配和监督责任。这些规章制度和流程应当透明、公正，并符合国家相关政策和要求。

2.引入财务管理人员或机构

为了确保资金使用的合规性和透明度，学院可以引入专业的财务管理人员或机构进行科研资金的核算和审计工作。他们可以对科研项目的经费使用情况进行跟踪和监督，确保资金的合法合规使用。

3.配备专职财务人员

学院可以配备专职的财务人员，负责科研资金的细致管理和核算。这些财务人员可以负责资金的申报和报账工作，确保经费使用的准确性和及时性。

4.加强资金流转监管

学院可以建立科研资金的流转监管机制，对资金的使用、汇划和追踪等进行监控。这可以通过建立电子审批和报销系统、加强与银行、财务部门的合作等方式实现。

（三）科研经费的管理与控制

为了确保科研经费的有效使用和管理，学院可以建立严格的科研经费管理制度。具体措施如下：

1.预算编制和审核

学院应建立科研项目经费的预算编制和审核制度，明确经费的申报和分配程序。经费预算应基于项目的实际需求和研究计划，确保合理利用和分配。

2.使用范围的限制

学院可以设定科研经费的使用范围和限制，明确经费的用途和支出规则。通过设定科研经费使用的规定和标准，避免经费的滥用和浪费。

3.经费使用申报和报账程序

学院应建立科研经费使用申报和报账程序，确保经费的使用程序规范。申报和报账程序应便捷和高效，方便申请人和财务人员的操作。

4.监督机制和评估体系

学院可以建立科研经费的监督机制和评估体系，对项目经费的使用情况进行定期检查和评估。通过监督和评估，及时发现和解决资金管理的相关问题。

第三节　产业学院的社会服务及成果转化

一、产学研结合的社会服务模式

（一）建立产学研合作基地

为了促进产学研合作和资源共享，产业学院将积极与企业、科研机构等建立产学研合作基地。这些合作基地将成为产业学院与企业、科研机构之间进行深度合作的平台，旨在实现产学研资源的共享和优势互补，以更好地为社会提供服务。

首先，学院将主动与优质企业展开合作，寻求双方利益的最大化。与企业的合作不仅仅是通过提供实习岗位或参与项目，更重要的是建立长期稳定的合作伙伴关系。学院将与企业共同制定合作计划和项目目标，并通过资源整合和技术支持，提供专业的技术咨询和解决方案。

其次，学院将与科研机构建立紧密的合作关系。通过与科研机构的合作，产业学院可以借鉴先进的科研成果和技术经验，推动科技创新和转化。同时，合作基地将提供研究设施和实验室等资源，为学院的研究人员和学生提供良好的实践环境和支持。

再次，学院将积极推动人才的流动和交流。合作基地将成为人才培养和交流的重要平台，吸引优秀的人才共同参与产学研合作。学院将提供专业的培训和指导，帮助企业和科研机构培养高素质的人才，为社会和行业输送更多的专业人才。

最后，学院将建立产学研成果的共享机制。合作基地将促进产学研成果的共享和交流，推动科技成果的转化和应用。学院将与合作伙伴共同制定知识产权和成果分享的规则，确保合作成果的合法性和有效性。同时，学院还将与相关部门和机构合作，为合作基地提供政策支持和项目资金，推动合作基地的可持续发展。

通过建立产学研合作基地，产业学院将加强与企业、科研机构的合作，实现资源共享和优势互补，为社会提供更优质的服务和解决方案。同时，合作基地也将成为人才培养和交流的重要平台，为产业发展注入新的动力和活力。

（二）搭建产学研合作平台

为促进产学研结合更加紧密，学院将致力于搭建产学研合作平台。该平台将通过组织各类活动，如专题研讨会、技术交流会等，促进学术交流和合作，提升产学研的整体水平。

首先，学院将定期举办专题研讨会，邀请学术界的专家学者、企业的技术骨干等参与其中。这些研讨会将围绕产业发展的前沿问题展开深入讨论，推动学术和实践的相互融合。学院将积极组织并扶持学生、教职员工等参与讨论和演讲，提升他们在学术交流中的能力和水平。同时，通过扩大研讨会的影响力和参与度，学院将吸引更多高水平的学者和企业参与，进一步推动产学研合作的深入发展。

其次，学院将组织技术交流会，为产学研三方提供一个密切沟通的平台。在这些交流会上，学院将邀请企业的技术骨干和科研机构的专家，与学院的教师、研究人员和学生进行面对面的交流和互动。通过技术交流会，学院将促进产学研之间的信息共享和技术合作，激发创新思维和项目合作的灵感。同时，交流会还可以促进企业和科研机构对学院的了解和认可，为后续的项目合作奠定基础。

最后，学院将积极发挥互联网和大数据技术的优势，建设在线产学研合作平台。通过该平台，学院、企业和科研机构可以在线发布信息、寻找合作伙伴、分享成果等。学院将提供技术支持和管理服务，确保平台的稳定运行和信息的安全性。在线平台将为产学研合作提供更多便利，突破时间和地域的限制，让合作更加高效和便捷。

通过搭建产学研合作平台，学院将促进学术交流和合作，推动产学研结合更加紧密。平台的建设将为各方提供一个共同合作的空间，推动产学研之间的资源共享和合作项目的开展。这将进一步提升学院的影响力和竞争力，为产业发展和社会进步作出更大贡献。

（三）开展产学研项目合作

为了解决实际问题、提供解决方案，并推动科技成果的转化和应用，学院将与企业、科研机构等展开产学研项目合作。通过共同攻关，学院将与合作伙伴共同研究和解决产业发展中面临的难题，提供创新性的解决方案。

首先，在项目合作的初期，学院将与合作伙伴共同制定研究目标和项目计划。双方将充分交流，并结合自身的专业知识和技术实力，确定研究的重点和方向。学院将派出教师和研究人员，与企业的工程师和科研人员组成团队，共同进行研究工作。

其次，学院将利用自身的研究设施和实验室等资源，提供良好的研究环境和支持。学院将为项目团队提供必要的仪器设备、实验材料和技术指导，确保研究工作的顺利进行。同时，学院还将组织定期的项目进展汇报会和评估，及时推动项目的进展和调整研究方向，确保项目的顺利实施。

再次，在项目研究过程中，学院将注重产学研的深度融合。学院将鼓励团队成员之间的密切合作，促进产学研之间的知识共享和技术交流。通过产学研三方的紧密合作，可以将理论与实践相结合，充分发挥各方的优势，提高解决问题的效率和准确性。

最后，在项目解决方案的阶段，学院将与企业共同推动科技成果的转化和应用。学院将协助企业完成技术的推广和市场化，帮助企业将科技成果转化为新产品、新技术和新服务。学院还将为企业提供专业的技术指导和培训，提高企业的创新能力和竞争力。

二、技术咨询与解决方案提供

（一）提供技术咨询服务

产业学院将设立技术咨询中心或平台，旨在为企业和社会提供专业的技术咨询服务。具体措施如下：

1.成立专业团队

学院将组建由技术专家和工程师组成的专业团队，他们具有丰富的实践经验和专业知识，能够为企业和社会提供针对性的技术咨询。

2.解答技术难题

技术咨询中心或平台将接受企业和社会的咨询需求，解答各类技术难题。例如，在产品设计、工艺流程、材料选择等方面提供专业的建议和解决方案。

3.提供专业技术方案

基于企业和社会的需求，技术咨询中心或平台将提供专业的技术方案，包括新产品开发、工艺改进、生产效率提升等方面，帮助企业解决技术难题和提高竞争力。

4.组织技术研讨会和交流活动

学院将定期组织技术研讨会和交流活动，邀请行业内的专家和企业代表分享技术经验和最新成果，促进技术交流和合作。

（二）开展技术培训与推广

为了满足企业和社会对技术培训的需求，学院将组织专业的技术培训班，并推广先进的生产技术和管理技术。具体措施如下：

1.需求调研与课程设置

学院将通过调研企业和社会的实际需求，确定技术培训的优先领域和课程设置。例如，针对某些行业的生产工艺、质量管理、项目管理等方面进行系统培训。

2.聘请行业专家和内部教师

学院将邀请行业内的专家和内部教师担任培训讲师，确保培训内容的专业性和实用性。他们可以分享自己的实践经验和技术知识，提供真实的案例和解决方案。

3.实施培训计划

学院将制订培训计划，并组织培训班的开设和实施。培训班可以分为理论课程和实践操作两部分，通过授课、案例分析和模拟实验等方式，提高学员的技术水平和实际应用能力。

4.提供培训证书

学院将为参与培训的学员提供培训证书，作为他们技术能力的证明和职业发展的支持。这可以增强学员的学习动力，促进技术培训的效果和影响力。

（三）提供工程设计与开发服务

为了帮助企业实施新产品研发和生产线优化，产业学院将组建专业的工程设计团队，并提供工程设计与开发服务。具体措施如下：

1.组建专业团队

学院将吸纳优秀的工程设计师和技术人才，组成专业的工程设计团队。他们具备丰富的工程设计经验和专业知识，能够为企业提供全方位的设计服务。

2.新产品研发支持

学院的工程设计团队将协助企业实施新产品的研发工作，包括产品设计、样机制作、试验验证等环节。他们将根据企业的需求和市场要求，提供创新的设计方案和技术支持。

3.生产线优化咨询

学院的工程设计团队可以对企业的生产线进行全面评估和优化咨询。他们将从工艺流程、设备配置、生产效率等方面入手，提供建议和解决方案，帮助企业提升生产线的效率和竞争力。

4.提供设计图纸和技术文件

学院的工程设计团队将为企业提供设计图纸和技术文件，确保设计方案的准确实施和技术要求的满足。这可以为企业的生产和质量控制提供可靠的依据。

三、成果转化与产业化推进

（一）建立科研成果转化机制

为了将科研成果转化为实际生产力，学院将建立科研成果转化的机制，以加强与企业和产业的对接，推动科研成果的转化和应用。这个机制将包括以下几个方面的内容：

首先，学院将加强科研成果的评估和鉴定工作。对于科研项目的成果，学院将组织专家进行评估和鉴定，确保其科学性、技术可行性和市场潜力。通过评估和鉴定，学院将筛选出具有较高转化价值的科研成果，为后续的转化工作提供依据。

其次，学院将积极促进科研成果与企业的合作与对接。学院将建立科技成果展示平台，定期举办科技成果展示会，邀请企业代表参观和洽谈合作事宜。同时，学院将通过建立科技成果数据库，向企业发布科研成果信息，并提供相关的技术咨询和合作洽谈服务。通过这些措施，学院将推动科研成果与企业的深度对接，为科研成果的转化提供更多机会和渠道。

再次，学院将加强知识产权的保护和管理。学院将建立科研成果的知识产权管理制度，确保科研人员的创新成果得到合法保护。学院将为科研人员提供相关的知识产权咨询和服务，帮助他们解决申请专利、注册商标等问题，并协助他们进行技术转让和授权等工作。通过这些举措，学院将为科研成果的转化提供良好的法律保障和管理支持。

最后，学院将建立激励机制，鼓励科研人员积极参与科技成果的转化工作。学院将设立科技成果转化奖励基金，对取得重要科研成果转化效益显著的科研团队和个人进行奖励。学院还将为科研人员提供相关的培训和指导，提高他们在科研成果转化方面的专业能力和水平。

通过建立科研成果转化机制，学院将促进科研成果的转化和应用，提高科研的实际价值和社会影响力。这将进一步激发科研人员的创新热情和积极性，推动科技成果的转化为实际生产力。

（二）支持科研项目的产业化

为了促进科研项目的产业化进程，学院将积极提供各种支持，包括资金支持、政策扶持等条件，协助科研人员将科研成果转化为实际产品和技术。

首先，学院将设立科技创新基金，专门用于支持科研项目的产业化。该基金将为科研人员提供启动资金、项目资助和产业化转化补贴等支持，帮助他们解决项目产业化过程中的资金难题。同时，学院还将积极申请相关的科技创新基金和政策扶持资金，为科研项目的产业化提供更多的财务支持。

其次，学院将与企业和产业界密切合作，提供市场需求调研和技术需求对接等服务。学院将通过与企业的合作，了解市场对科研成果的需求，指导科研人员将研究方向和技术路线与市场需求相结合。学院还将建立产学研合作的长期机制，帮助科研人员与企业建立合作关系，推动科研成果的产业化和商业化。

再次，学院将为科研人员提供相关的专业培训和指导，提高他们在项目产业化方面的能力和水平。学院将组织专家进行产业化经验分享和技术指导，帮助科研人员了解产业化过程中的管理、市场营销等方面的知识和技能。同时，学院还将邀请成功的科研项目团队进行交流与分享，激发科研人员的创新和创业意识。

最后，学院将积极引导科研人员申请相关的知识产权，为科研成果的产业化提供保障。学院将提供知识产权的咨询和服务，协助科研人员进行专利申请、商标注册等工作。通过保护知识产权，学院将增加科研成果的转化价值，吸引更多企业关注和投资。

（三）推动创业创新

为了促进科技成果的产业化和商业化，学院将积极引导和支持科研人员和学生进行创业创新。以下是学院将采取的一些具体措施：

1.创业孵化平台

学院将建立创业孵化平台，提供办公场所、基础设施和资源支持，为创业团队提供良好的创业环境和条件。孵化平台将不仅提供物质支持，还将提供专业指导、行业培训、市场营销等服务，帮助创业团队解决创业过程中的各种问题。

2.创业培训

学院将组织创业培训班和讲座，邀请成功的创业者、投资者和专业人士进行经验分享和指导。培训内容包括创业基础知识、商业模式设计、市场调研、融资与投资等方面，旨在提升创业者的创业能力和素质，增加创业成功的可能性。

3.创业竞赛

学院将组织创业竞赛，为有创业潜力的科研项目和团队提供展示和交流的平台。通过竞赛评选，学院将发现和培养优秀的创业项目和团队，为他们提供更多的机会和资源支持。

4.导师制度

学院将建立科研人员与成功创业者、行业专业人士的导师制度，为创业者提供个性化的指导和辅导。导师将根据创业者的需求和实际情况，提供指导意见、行业洞察和经验分享，帮助创业者解决创业过程中遇到的问题和困难。

5.创业资金支持

学院将积极开展创业投资和风险投资工作，为有创业潜力的科研项目和团队提供资金支持。学院将设立创业基金，投资优秀的创业项目，并与国内外投资机构合作，拓宽创业资金的来源渠道。

通过上述措施，学院将积极引导和支持科研人员和学生进行创业创新，鼓励他们将科技成果转化为实际产品和技术，推动科技成果的产业化和商业化。学院将为创业者提供全方位的支持和服务，帮助他们克服困难，实现创业梦想。同时，学院也将积极营造创新创业的氛围和文化，激发更多人才的创新创业热情，推动科技创新和经济发展相互促进。

四、社会责任与公益活动的开展

（一）承担社会责任

产业学院将积极承担社会责任，关注社会问题和民生需求，通过研究和创新，为社会发展提供解决方案和支持。学院将在以下几个方面开展工作：

1.社会问题研究

学院将设立专门的研究机构或研究小组，聚焦社会问题，开展深入的调研和分析。重点关注社会经济发展、环境保护、教育、健康等领域存在的问题，通过科学研究，提出切实可行的解决方案，为社会发展提供决策支持。

2.社会公益项目

学院将积极参与各类公益项目，组织学生和教职工参与社区服务、环保活动、扶贫助学等公益活动。通过实际行动践行社会责任，关爱弱势群体，推动社会和谐发展。

3.制定社会责任指南

学院将制定社会责任指南，明确学院对社会的责任和义务，倡导学生和教职员工积极参与社会公益事业。通过宣传和教育，培养学生和教职工的社会责任感和奉献精神，推动社会发展。

4.公开透明运营

学院将建立健全信息公开制度，定期向社会公布学院的经营情况、社会责任履行情况等。通过透明运营，接受社会监督，提高学院的公信力和社会形象。

通过以上措施，产业学院将积极承担社会责任，努力解决社会问题，为社会发展作出积极贡献。

（二）开展公益活动

学院将组织学生和教职工参与各类公益活动，践行社会责任，促进社会和谐和可持续发展。具体措施如下：

1.环保活动

学院将组织学生和教职工参与环境保护活动，如植树造林、垃圾分类、节能减排等。通过宣传和实际行动，提高环保意识，促进可持续发展。

2.扶贫助学

学院将积极参与扶贫助学项目，资助贫困地区的学生完成学业。学院将设立助学基金，为贫困学生提供奖学金、助学金等资助，鼓励他们坚持学习，改变自身命运。

3.社区服务

学院将组织学生和教职工开展社区服务活动，为社区居民提供相关的服务和支持。例如，组织义务教育、医疗健康咨询、法律援助等活动，解决居民生活中的实际问题。

4.公益义诊

学院将组织相关专业的学生和教职工开展公益义诊活动，提供免费的健康咨询和医疗服务。通过义诊活动，为社会提供公益性的医疗服务，改善人民群众的健康状况。

5.青少年教育支持

学院将积极参与青少年教育支持项目，开展科普活动、文化体验和职业指导等。通过培养青少年的科学素质和创新意识，促进他们全面发展，为社会培养更多有力量的接班人。

通过以上公益活动，学院将践行社会责任，促进社会和谐发展，为社区居民提供实际的帮助和支持。

（三）推动社会发展

学院将积极参与地方经济的发展规划和决策,提供相关的专业建议和咨询,促进产业升级和地方经济的可持续发展。具体措施如下:

1.产业研究与规划

学院将开展相关产业研究,深入了解当地产业现状和发展趋势,为地方政府提供产业规划和发展建议。通过科学研究和分析,为地方经济的转型升级提供支持和指导。

2.技术创新支持

学院将积极支持当地企业的技术创新,提供相关的研发服务和技术支持。学院将与企业建立长期合作关系,共同开展产学研合作项目,促进科技成果的转化和应用。

3.人才培养与输送

学院将根据当地产业需求,开设相关专业课程和培训班,培养适合地方经济发展的人才。学院将与当地企业密切合作,提供实习机会和就业推荐,促进毕业生就业和地方经济的互利共赢。

4.项目申报与咨询

学院将为地方政府和企业提供相关项目申报和咨询服务,协助他们获得政策支持和资金扶持。学院将组织专业团队对项目进行评估、论证和优化,提高项目成功的概率和效益。

通过以上措施,学院将积极参与地方经济的发展,提供专业的支持和服务,推动产业升级和地方经济的可持续发展。

（四）加强与社会各界的合作

学院将加强与政府、企业、社会组织等的合作,共同推动社会发展,实现资源共享和互利共赢。具体措施如下:

1.政府合作

学院将与地方政府建立稳固的合作关系,参与政府决策和规划,提供专业的建议和咨询。学院将积极响应政府的号召,参与政府主导的项目和计划,推动社会事业的发展。

2.企业合作

学院将与当地企业建立紧密的合作关系，在人才培养、科研合作、技术创新等方面进行深度合作。学院将根据企业需求，调整专业设置和课程内容，培养适应企业发展的高素质人才。

3.社会组织合作

学院将积极参与社会组织的活动和项目，与社会组织开展合作，共同推动社会公益事业的发展。学院将提供相关的专业知识和资源支持，帮助社会组织提高服务效能和社会影响力。

4.资源共享

学院将与合作伙伴共享资源，包括人才、设施、信息等。通过资源共享，提高资源利用效率，实现互利共赢。

通过以上合作措施，学院将与社会各界加强联系与合作，共同推动社会发展，实现资源共享和互利共赢。

（五）推广科学知识与文化普及

学院将积极开展科普活动，推广科学知识和文化普及，提高公众科学素质，促进科学文化的融入社会发展。具体措施如下：

1.科普讲座与展览

学院将邀请相关领域的专家学者举办科普讲座，向公众普及科学知识。同时，组织科学展览，让公众亲身感受科技带来的改变和进步。

2.科学教育培训

学院将开展面向师生和公众的科学教育培训活动，提供系统的科学知识和教育方法培训。通过培养师生和公众的科学素质，推动科学文化的传播和普及。

3.文化交流与传承

通过举办文学沙龙等活动，促进不同文化间的交流与对话，为传承和弘扬中华优秀传统文化做出贡献。

第七章 高等职业院校产业学院的国际交流与合作

第一节 产业学院的国际交流与合作机制

一、国际交流合作部门与机构设置

（一）国际交流部门的设置

产业学院的国际交流部门是负责组织和管理学院与国外院校、机构以及企业的国际交流活动的部门。该部门承担着促进学院与国际教育界的交流合作，提升学院的国际影响力和竞争力的重要任务。为了有效开展国际交流工作，国际交流部门应当具备以下职能和设置。

1.国际交流项目策划与开发

负责策划并开发学院与国外院校、机构以及企业的国际交流项目，制定项目方案、目标和计划，并与相关单位进行沟通和协商，确保项目的顺利开展。

2.合作机构与合作伙伴的拓展与建立

负责与国外院校、机构以及企业建立合作关系，促成合作项目的开展。与国外院校、机构保持密切联系，加强合作伙伴关系，寻求更多合作机会。

3.学生与教师交流项目管理

负责组织学生和教师的出国交流项目，包括申请、选拔、培训等环节的组织和管理工作。同时，提供必要的指导和支持，确保交流活动的顺利进行。

4.国际交流活动的组织与实施

负责组织和协调国际交流活动，包括学术交流、文化交流、组织访问学者等活动。组织接待来自国外的客人，并为他们提供必要的支持和服务。

5.国际交流政策与制度的制定与落实

根据学院的发展战略和国际交流的需求，制定相应的政策和制度，规范和指导国际交流工作的开展，并监督其实施情况。

（二）国际交流合作机构的设置

为了更好地开展国际交流工作，产业学院可以考虑建立与国外合作的机构，以便更好地促进学院与国外院校、机构的交流合作。这些机构包括以下几个部门：

1.海外联络办公室

设立海外联络办公室，作为学院与国外院校、机构之间的沟通和协调机构，负责处理国际交流事务的联系和对接工作。

2.国际事务处

设立国际事务处，负责处理学院的国际事务，包括国际学生的招收、留学生的管理和服务等工作。同时，负责协调学院与国外合作伙伴的合作关系，推动国际交流项目的开展。

3.国际交流合作中心

设立国际交流合作中心，作为学院与国外院校、机构之间交流合作的枢纽，负责项目的策划、组织、管理和评估等工作，加强与国外合作伙伴的联系，推动合作项目的落地和实施。

4.国际合作研究中心

设立国际合作研究中心，致力于研究国际交流合作的相关政策、制度和经验，为学院的国际交流工作提供理论支持和战略指导。

（三）国际交流项目管理机构的设置

为了保证国际交流项目的顺利进行，产业学院可以设立国际交流项目管理机构，对项目的策划、组织、管理和评估等方面进行全面管理。该机构应负责以下工作：

1.项目策划与设计

根据学院的需求和国际交流的目标，制定项目策划方案，明确项目的目标、内容、合作方式和实施计划等。

2.资源协调与管理

负责项目所需的人力、物力、财力等资源的协调和管理，确保项目能够得到充分支持，并合理利用资源，提高项目的效益。

3.项目执行与监控

负责项目的实施过程中的各项工作，包括申请材料的准备、项目计划的落实、团队成员的培训和指导等，并对项目的进展进行监控和评估，及时发现和解决问题。

4.项目评估与总结

对项目进行评估和总结，分析项目的成效和问题，提出改进意见和建议，为今后的项目开展提供指导和借鉴。

（四）国际交流合作部门与机构之间的协作机制

为了实现国际交流与合作工作的顺利开展，产业学院的国际交流部门、国际交流合作机构以及国际交流项目管理机构之间应建立良好的协作机制。

1.信息共享与沟通

各部门和机构之间要加强信息共享和沟通，及时传递项目的相关信息和进展情况，确保各方都了解项目的需求和要求。

2.协同工作与合作

各部门和机构之间要紧密协同工作，明确分工和责任，相互支持和配合，共同推动国际交流与合作工作的开展。

3.会议和研讨活动

定期组织会议和研讨活动，就国际交流工作进行讨论和交流，共同解决问题，分享经验和实践，并在会议上确定工作目标和计划。

4.资源共享与整合

各部门和机构之间要加强资源的共享和整合，充分利用各自的优势和特长，优化资源配置，提高工作效率和成果。

5.监督与评估机制

建立健全监督与评估机制，对国际交流与合作工作进行定期监督和评估，发现问题和不足，并及时采取措施进行改进和提升。

通过建立良好的协作机制，国际交流部门、国际交流合作机构以及国际交流项目管理机构可以形成一个紧密合作的团队，共同推动学院的国际交流与合作事业的发展。他们将携手合作，充分发挥各自的优势，为学院的国际交流工作提供全方位的支持和服务，促进学院与国际教育界的深入交流与合作。

二、国际合作项目策划与管理

（一）国际合作项目策划

国际合作项目的策划是确保项目顺利进行和达到预期目标的关键步骤。产业学院在策划阶段应重点考虑以下几个方面：

1.确定项目目标

明确合作项目的目标和导向，如推动学院国际化发展、引进先进技术、提升教学质量等。

2.分析需求和选择伙伴

综合分析学院的发展战略和需求，在合作伙伴中选择与学院目标相符合、资源互补的机构或企业。

3.制订项目计划

根据学院的时间和资源限制，制订详细的项目计划，包括项目启动时间、工作内容、资金投入、人员配置等。

4.确定合作方式

根据项目目标和伙伴特点，确定合作方式，如联合研究项目、学生交换计划、师资培训等。

5.确保合规性和可行性

了解并遵守国内外相关法律法规和政策，评估项目的可行性和风险，并进行预案设计。

6.编制预算和申请资金

根据项目计划和预期成本，编制详细的项目预算，并申请所需的资金支持，包括学校内部经费、政府专项资金或合作伙伴提供的资金。

（二）国际合作项目管理

项目管理是实现国际合作项目顺利开展的重要保证。以下是产业学院在项目管理中可以采取的措施：

1.建立项目组织架构

确定项目负责人和相关团队成员，并明确各自的职责和权限，确保项目组织结构清晰。

2.制订详细的项目计划

将策划阶段的项目计划进行具体化，包括时间节点、工作包拆分、资源调配等，以便对项目进度进行有效控制。

3.风险管理与应急预案

对可能出现的风险进行分析和评估，并制定应对措施和应急预案，确保项目能够及时应对各种挑战。

4.有效沟通与协调

建立良好的合作伙伴关系，及时沟通项目进展、问题和需求，解决合作过程中的矛盾和困难。

5.资源管理与控制

对项目所需的资源进行统筹管理和合理配置，确保资源的有效利用和控制成本。

（三）国际合作项目质量保障

为了确保国际合作项目的质量，产业学院可以采取以下措施：

1.明确项目目标和指标

在策划阶段明确项目目标和关键绩效指标，以便后续评估和监控项目是否达到预期结果。

2.严格选派项目管理人员

项目管理人员应具备相关的专业知识和经验，能够有效地组织和管理项目团队。

3.建立标准和流程

建立国际合作项目的标准和规范，包括项目启动、执行、监控和收尾等各个阶段的具体要求。

4.项目进度和质量监控

通过定期的会议和报告，对项目进度和质量进行监控，及时发现并解决项目中的问题，确保项目顺利进行。

5.建立绩效评估机制

制定合理的绩效评估体系，对项目的成果和效果进行定期评估和总结。根据评估结果，及时调整项目方向和目标。

三、国际学术交流与合作机会

（一）学术交流活动

产业学院可以组织学术讲座、学术研讨会等学术交流活动，邀请国际知名学者、专家来校进行学术报告和交流，提供学术合作的机会。学术交流活动是促进学科发展和学术进步的重要方式之一，通过邀请国际知名学者、专家来校进行学术报告和交流，可以为师生提供广阔的学术视野和思路。在学术讲座中，学者们可以分享自己的研究成果和专业经验，使师生们了解最新的学术动态和研究方向。学术研讨会则可以提供师生们展示自己研究成果的平台，帮助他们改善研究方法和提高研究水平。同时，学术交流活动也为师生们提供了与国际学者、专家交流的机会，从而建立起国际合作的桥梁，推动学术合作的开展。

（二）学术合作项目

产业学院可以通过与国外高校及研究机构的合作，开展学术研究项目，共同解决关键科学问题，推动学科发展。学术合作项目是促进国际学术交流与合作的重要形式之一，通过与国外高校及研究机构的合作，可以共同解决关键科学问题，拓宽研究领域，提高学科水平。产业学院可以与国外高校及研究机构合作申请国际合作科研项目资金，组织联合研究团队进行科研合作，通过共享数据、设备和资源等方式，加强学术合作，推动研究成果的转化和应用。

（三）学生交流项目

产业学院可以与国外院校合作，开展学生交流项目，包括学生互访、课程交流等形式。通过与国外优秀学生的交流，提升学生的国际视野和竞争力。学生交流项目是促进国际学生间相互了解、学习和交流的重要途径。产业学院可以与国外院校签署学生交流协议，建立学生交流项目的长期合作机制。通过学生互访，学生可以了解不同国家的教育体系和学术环境，开阔眼界，提高跨文化交流能力。课程交流则可以为学生提供参加国外优质课程的机会，丰富学术经历，提高学术水平。同时，学生交流项目也可以为学生们提供与国外企业的实习、就业机会，促进就业竞争力的提升。

（四）国际实习项目

产业学院可以与国外企业合作，开展国际实习项目，为学生提供与国际企业接触和实践的机会，提高学生的实际操作能力和就业竞争力。国际实习项目是将学生的理论知识与实际操作相结合的重要途径之一，通过参与国际实习项目，学生可以了解国际企业的管理模式和运营方式，熟悉国际市场的需求和规则。产业学院可以与国外企业合作，组织学生赴国外实习，培养学生的实践操作能力和团队合作精神。在实习期间，学生不仅可以学习专业知识和技能，还可以拓展人际网络，积累实践经验，提高就业竞争力。

（五）学术交流平台建设

产业学院可以建立学术交流平台，提供学术资源和信息，促进学术交流与合作的开展，为师生搭建学术交流的桥梁。学术交流平台可以是一个集学术资源、学术资讯、学术论坛等功能于一体的在线平台。通过学术交流平台，师生可以获取最新的学术资讯和研究成果，了解各种学术交流活动和学术合作项目的进展。学术交流平台还可以提供学术期刊发表、学术会议组织等支持服务，帮助师生们提高学术影响力和学术交流能力。同时，学术交流平台还可以搭建在线学术论坛，促进师生之间的学术交流和合作，引导学术讨论和思想碰撞，推动学科建设和学术创新。

四、国际交流活动的组织与实施

（一）活动策划与组织

产业学院在进行国际交流活动时，首先要制订详细的策划方案。这需要充分了解活动的具体需求和目标，以及参与方的背景和期望。策划方案应包括活动的主题、内容、形式、时间、地点等方面的详细规划。同时，还需要确定活动的预算和资源需求，以确保活动的顺利进行。

在策划过程中，产业学院应与相关部门进行协调与沟通。不同部门在活动中扮演不同的角色，需要明确各自的职责和任务，并建立有效的协作机制。合理分工和有效沟通可以提高活动的效率和质量。

（二）活动宣传与推广

为了提高国际交流活动的知名度和影响力，产业学院应制订宣传推广计划。这包括选择合适的宣传渠道和方式，如校内外媒体、社交媒体、宣传海报、宣传册等，以便将活动信息传达给目标受众。

在宣传推广过程中，产业学院应采用差异化的策略，结合活动的特点和目标受众，制定有针对性的宣传内容和形式。同时，还需要加强与媒体和合作伙伴的合作，争取更多的曝光机会。

（三）活动执行与管理

在活动执行阶段，产业学院要确保活动的顺利进行。这包括人员安排、物资准备、场地布置等方面的管理与协调。人员安排要合理分工，明确各自的责任和时间安排。物资准备要提前进行，确保所需设备、材料等的充足性和质量。场地布置要根据活动的需要进行设计和布置，以创造良好的活动环境。

此外，现场的组织与指导工作也是活动执行的重要环节。产业学院要确保现场秩序井然，根据不同活动环节的需要，制定相应的组织与指导方案。现场人员要掌握相关信息，并提供准确的指导和解答，以满足参与者的需求。

（四）活动评估与总结

国际交流活动结束后，产业学院应及时对活动进行评估与总结。评估是对活动的效果和质量进行全面检查和分析，总结是从活动中汲取经验教训，并为今后的活动改进提供参考。

评估与总结的内容包括活动的组织和执行情况、参与者的反馈和评价、活动目标的完成情况等。产业学院可以通过问卷调查、座谈会、专家评审等方式进行评估，以获取更全面和客观的信息。

在总结阶段，产业学院要整理和归纳活动中的成功经验和不足之处，并制定改进措施和建议。同时，还要向相关部门和人员进行反馈，以促进学院的持续发展。

（五）国际交流活动的监督与管理

产业学院在开展国际交流活动时，应建立健全监督与管理机制。这包括对活动过程和结果的监督与指导，以确保活动的合法性和规范性。

监督与管理的方式可以包括定期检查、现场巡查、数据统计分析等。产业学院可以委托专门的部门或人员负责活动的监督工作，确保活动按照规定的程序和标准进行。

此外，产业学院还应建立相应的风险管理和应急预案，以应对可能出现的突发情况。这包括对活动可能存在的风险进行评估和预防，制定相应的措施和应对方案，以保障活动的安全和顺利进行。

第二节　产业学院的留学项目与合作学校

一、留学项目的设计与管理

（一）留学项目的设计

留学项目的设计是确保学生能够获得全面而系统的学习经历，提高个人素质和专业能力的重要环节。在设计留学项目时，需要考虑以下几个方面：

1.项目目标

确定留学项目的目标非常重要。这可以根据学生的需求和期望进行制定，比如提高语言水平、深入了解当地文化和产业发展情况、掌握特定专业知识等。项目目标的明确性有助于确保学生的学习方向和预期效果。

2.课程设置

针对留学项目的目标，需要设计相应的课程设置。这包括语言课程、专业课程和实践课程等。语言课程可以帮助学生提高语言能力，为后续学习做好准备；专业课程则可以提供相关领域的知识和技能培训；实践课程可以让学生将所学知识应用到实际情境中，提升实践能力。

3.教学方法

选择合适的教学方法对于学生的学习效果至关重要。可以采用多种教学方法，如小组讨论、案例分析、实地考察、导师指导等。这些方法能够促进学生的互动和参与，提高学习效果。

4.评估方式

为了评估学生的学习成果，需要制定明确的评估方式。可以采用考试、作业、论文、项目报告等形式进行评估。评估方式应该与项目目标和课程设置相匹配，既能够客观评价学生的学习成绩，又能够鼓励学生的创新和实践能力。

（二）留学项目的管理

留学项目的管理是保证项目顺利进行的关键环节。在留学项目管理中，一些重要的管理方面包括以下几点：

1.建立管理机构

建立一个完善的项目管理机构非常重要。这个机构可以包括项目负责人、项目助理和行政支持人员等。他们负责协调各项工作，确保项目的顺利实施。

2.管理流程和责任分工

制定明确的管理流程和责任分工是保证项目顺利进行的基础。这包括招生流程、申请流程、签证流程和事后管理流程等。每个环节都需要有具体的责任人和流程规范，以确保每个环节都能够得到有效的管理和监督。

3.信息管理系统

建立一个完善的信息管理系统非常重要。这个系统可以用于及时了解学生的情况和解决他们的问题，包括学生的个人信息、学习进展、申请材料等。信息管理系统有助于提高管理效率和工作质量。

4.项目评估和改进

为了保证项目的质量，需要进行定期的项目评估和改进。通过对项目的评估，可以发现问题和不足之处，并采取相应的措施进行改进。这有助于提高项目的效果和满意度。

（三）留学项目的资源支持

留学项目的成功还需要得到相应的资源支持。以下是几个重要的资源支持方面：

1.合作学校或机构支持

与合作学校或机构建立战略合作关系非常重要。这些学校或机构可以提供师资支持，为留学项目提供优秀的教师和导师；同时，他们还可以提供教材和学习资源等支持，确保学生能够获得高质量的教育和学习体验。

2.当地产业界合作

与当地产业界建立良好的合作关系对于留学项目的成功至关重要。通过与企业、组织和机构的合作，可以为学生提供实践机会和就业支持。学生可以参与实习项目、实训课程或研究合作，加深对当地产业发展情况的了解，并增强就业竞争力。

3.资金支持

留学项目可能需要一定的资金支持。可以申请相关的项目资助和奖学金，为学生提供一定的经济支持。这有助于减轻学生的经济压力，使他们能够更好地专注于学习和实践。

（四）留学项目的宣传推广

留学项目的宣传推广是吸引学生报名参加的重要手段。以下是一些常用的宣传推广方式：

1.网站和社交媒体

建立一个专门的网站，介绍留学项目的详情、课程设置、项目特色等信息。同时，利用社交媒体平台进行宣传，吸引潜在学生的关注和参与。

2.学术会议和合作学校宣传

参加相关的学术会议和展览活动，向学术界和教育机构宣传留学项目的优势和特色。与合作学校合作，在他们的宣传渠道中推广留学项目，扩大项目的知名度。

3.学生分享经验

邀请一些成功的留学生或毕业生分享他们的学习经验和成果。这可以通过线上或线下的讲座、研讨会等形式进行。学生的亲身经历和见解能够增加项目的吸引力和可信度。

4.参加展会和交流活动

参加国内外的教育展会和交流活动，与潜在学生进行面对面的宣传和交流。这是一个直接接触目标学生群体的机会，可以提供详细的项目信息和解答学生的疑问。

通过综合运用以上宣传推广方式，可以提高留学项目的知名度和吸引力，吸引更多优秀的学生报名参加。

二、国际学生招生与管理

（一）国际学生招生政策与要求

国际学生招生政策与要求是指针对国际学生制定的招生政策和录取要求。这包括国际学生的学历要求、语言水平要求、申请材料要求和录取标准等。在招生政策上，可以根据不同国家和地区的特点和需求，设定相应的招生计划和名额。例如，可以根据教育发展水平和国际学生需求，制定不同专业的招生计划和名额分配。在录取要求上，可以要求国际学生提供相关的学历证明、语言成绩单和推荐信等，以评估他们的学术能力和适应能力。例如，可以要求国际学生具备相应的学士学位或以上学历，并达到所要求的语言水平。此外，还可以通过面试等方式，全面评估国际学生的综合素质和学术潜力。

（二）国际学生招生宣传与推广

国际学生招生宣传与推广是吸引国际学生报考的重要手段。可以通过多种途径进行宣传，如网站、社交媒体、留学展会和合作学校的宣传渠道等。在宣传材料上，可以详细介绍学院的办学特色、专业设置、师资力量和学术资源等，以使国际学生对学院有更全面的了解。同时，可以邀请一些成功的国际学生分享他们的学习经验和成果，以增加项目的知名度和吸引力。例如，可以邀请国际学生代表在招生宣传活动中进行现场讲解，或者在学院网站上发布他们的留学感言和学术成果。此外，可以参加相关的国内外展会和交流活动并到达学院所在地。在住宿方面，可以为国际学生提供舒适、安全的住宿条件，包括宿舍或独立出租房等新的环境和生活方式。此外，还可以组织丰富多样的文化交流活动，如国际友谊晚会、留学生论坛等，促进国际学生提供心理咨询和支持也促进学院的国际化发展。

（三）国际学生的接待与服务

国际学生的接待与服务是确保他们在留学期间得到良好支持和关怀的重要环节。

首先，可以提供接机服务，安排专门的接待人员前往机场接机，帮助国际学生顺利抵达学院所在地。接机人员应具备良好的语言沟通能力和对学院及周边环境的熟悉程度，以便为国际学生提供必要的信息和帮助。

其次，为国际学生提供住宿安排。学院可以提供宿舍或者协助国际学生租赁合适的住房。宿舍环境应舒适、安全，并且有相关的生活设施和服务设施，例如洗衣房、共用厨房、学习区等。针对不同的国际学生特点和需求，可以提供不同类型的住宿选择，如单人间、双人间或家庭式公寓等，以满足国际学生的个性化需求。

再次，为国际学生提供导游和日常生活指导。导游可以带领国际学生熟悉学院校园和周边环境，介绍学院的各类设施和服务场所，如图书馆、体育馆、校医院等。日常生活指导可以包括教授国际学生如何购买生活必需品、了解当地交通方式、熟悉当地风俗习惯和法律法规等，以帮助他们更好地适应新的生活方式。

最后，还需要建立国际学生中心或办公室，为国际学生提供全方位的支持和服务。国际学生中心可以成立专门的学术辅导小组，为国际学生提供学习指导和学术支持。例如，可以组织学术讲座、学术培训和学科辅导班等，帮助他们提升学业水平。同时，还应建立心理咨询和支持机制，为国际学生提供心理辅导和咨询服务，帮助他们解决留学生活中可能遇到的困扰和问题。此外，国际学生中心还可以提供紧急援助服务，如医疗救助、紧急联系人等，以确保国际学生的安全和福祉。

三、合作学校的选择与建立合作关系

（一）合作学校的筛选标准与要求

选择合作学校时，需要综合考虑多个因素来筛选合适的学校。

1.学术声誉和排名

学校的学术声誉和排名是衡量学校学术水平的重要指标。可以参考国内外的学术排名或评估机构发布的报告来确定学校的学术地位。优先选择具有较高学术声誉和国际影响力的学校，以确保合作的学术质量。

2.专业设置和教学资源

合作学校的专业设置和教学资源需要与自己的专业方向和教学需求相匹配。可以了解学校的教学设备、实验室条件、图书馆资源等，以及师资力量和教学方法等，确保学校能够提供良好的教学环境和资源支持。

3.地理位置和校园环境

地理位置和校园环境也是选择合作学校时需要考虑的因素。地理位置的选择可以根据自己的个人喜好和学习计划来确定，同时也要考虑交通便利性和当地的生活条件。校园环境包括校园设施、宿舍条件、图书馆等，优秀的校园环境有助于提供良好的学习和生活条件。

4.留学项目经验和长期合作意愿

了解学校是否已有留学项目经验，以及是否愿意与合作方建立长期合作关系，可以帮助确定学校的合作意愿和合作能力。具有丰富的留学项目经验的学校能够提供更全面和专业的支持，而愿意与合作方建立长期合作关系的学校则更有可能在合作中持续提供支持和资源。

（二）建立合作关系的步骤与程序

建立合作关系的步骤与程序通常包括以下几个阶段：

1.建立初步联系

通过学术交流、研讨会、学术会议等途径，与目标学校建立初步联系，并表达合作意向。可以通过邮件、电话或面谈等方式进行沟通，并交换合作的初步想法和需求。

2.进行洽谈和协商

在初步联系的基础上，双方可以进行更深入的洽谈和协商，具体讨论合作的形式、内容、合作期限、责任分工、资金支持等方面的问题。需要充分考虑双方的需求和期望，确保合作协议能够满足双方的利益和目标。

3.签订合作协议或合作备忘录

在洽谈和协商的基础上，双方可以签订正式的合作协议或合作备忘录，明确双方的权利和义务。合作协议或合作备忘录应包括合作的具体内容、时间安排、合作项目的目标和预期成果，以及双方的责任和义务等。

4.制订合作计划和实施方案

在签订合作协议或合作备忘录后，双方可以共同制订具体的合作计划和实施方案。合作计划应包括项目的具体目标、任务分工、时间安排、资源需求等，确保在合作过程中能够有条不紊地推进工作。实施方案则是具体的操作指南，包括工作流程、沟通机制、数据管理等，帮助双方顺利进行合作。

5.开展合作项目

根据制订的合作计划和实施方案，双方可以开展合作项目。在合作过程中，需要保持及时的沟通和协调，解决合作中遇到的问题和困难，确保项目的进展和质量。

6.进行合作成果的评估和总结

合作项目结束后，双方可以进行合作成果的评估和总结。评估可以通过学生毕业论文、科研成果、合作案例等来衡量合作项目的质量和效果。总结则是对合作经验和教训的总结，为以后的合作提供借鉴和改进的方向。

（三）合作学校的资源共享与互惠合作

合作学校之间可以进行资源共享和互惠合作，以提高合作的效果和价值。以下是一些具体的资源共享和互惠合作方式。

1.教师和专家资源共享

合作学校可以互相邀请优秀教师和专家举办讲座、研讨会和学术交流等活动。通过分享不同学校的专业知识和经验，学生和教职员工可以获得更广泛的学术视野和专业发展机会。

2.教材和教学资料共享

学校可以共享自己的教材和教学资料，供其他合作学校借用或参考。这有助于提高教学质量和多样化教学内容，同时减轻学校开发和更新教材的负担。

3.科研项目和合作实践活动

学校可以共同开展科研项目和合作实践活动，通过共享研究设备、技术和经费等资源，加强合作团队的研究能力和创新水平。同时，学生也可以参与跨学校的合作实践项目，获得更广泛的实践经验和机会。

4.实习和就业机会

合作学校可以互相提供实习和就业机会给学生。通过合作企业、学术机构和校友资源，为学生提供更多的实践锻炼和职业发展机会，增加就业竞争力。

5.科研资助和奖学金申请

学校可以共同申请国内外的科研资助和奖学金，以支持合作项目的开展和学生的学习发展。合作学校之间可以共享申请经验和信息，提高申请成功率和效果。

通过资源共享和互惠合作，合作学校能够充分利用各自的优势和资源，提升教育教学质量，拓宽学术研究领域，促进学生的全面发展和就业竞争力的提升。

（四）合作学校间的合作评估与质量保障

合作学校之间需要进行合作评估和质量保障，以确保合作的质量和效果。

1.定期举行合作评估会议

合作学校可以定期举行合作评估会议，双方共同评估合作项目的进展和效果。会议上可以对合作目标、内容、方式进行全面审查和讨论，并根据评估结果制定改进措施。

2.学生满意度调查

通过学生满意度调查，了解学生对合作项目的反馈和评价。通过问卷、访谈等方式收集学生的意见和建议，发现问题并及时改进，提高学生参与度和满意度。

3.学术成果评估

定期对合作项目的学术成果进行评估，包括发表论文、获得专利、科研项目成果等。评估可以通过内部审查、外部专家评议等方式进行，确保合作项目达到预期的学术质量和影响力。

4.长期合作监管机制

建立一个长期合作监管机制，通过定期沟通和交流，解决合作中出现的问题和困难。双方可以派遣联络人或专门的合作管理团队，负责协调和监督合作项目的顺利进行，及时解决合作过程中的矛盾和挑战。

5.内部质量保障体系

各个合作学校应建立自己的内部质量保障体系，包括教学评估、科研管理、学生培养等方面的制度和规定。这些制度可以确保合作项目的高质量和可持续发展。同时，学校可以相互交流和借鉴经验，进一步完善自身的质量保障体系。

6.资源共享和优势互补

合作学校之间可以通过资源共享和优势互补，提高合作项目的质量和效果。双方可以明确各自的优势和特色，并在合作中充分发挥优势，实现互利共赢。同时，学校可以根据实际情况进行资源配置和调整，确保资源的合理利用和最大化效益。

7.监测和反馈机制

建立监测和反馈机制，及时了解合作项目的进展和问题。可以通过定期报告、数据分析、问卷调查等方式，收集和分析项目实施过程中的相关数据和信息。根据监测结果，及时调整和改进合作策略，确保合作项目的质量和效果。

四、国际学术交流与合作项目

（一）国际学术交流的形式和途径

国际学术交流是学者和研究人员之间进行学术合作、交流和共享知识的重要方式。以下是国际学术交流的几种常见形式和途径：

1.学术研讨会和学术会议

学术研讨会和学术会议是学者们展示研究成果、分享学术观点以及进行深入探讨的重要平台。这些会议通常会邀请国内外的专家学者参与，通过演讲、报告、讨论等形式促进学术交流。

2.学术讲座和访问学者

学术讲座是邀请国内外优秀学者到本校进行学术报告和讲座，为师生提供学习和交流的机会。访问学者则是学者之间互相访问、交流研究成果和经验的方式，可以在一定时间内在合作学校或研究机构开展合作研究。

3.合作研究项目

合作研究项目是国际学术交流中非常重要的方式之一。通过与国内外研究团队合作共同开展研究项目，可以结合各方的专长和资源，实现学术合作和成果共享。

4.学术期刊和出版物

学术期刊和出版物是学者们发布研究成果的重要渠道。国际学术交流可以通过发表论文、撰写书籍或编写章节等方式来推动学术交流和知识传播。

5.学术组织和协会

加入学术组织和协会是学者们进行学术交流和合作的重要途径。这些组织和协会通常会定期举办学术会议、研讨会和培训活动等，为会员提供一个广泛交流的平台。

（二）国际学术合作项目的策划与实施

国际学术合作项目的策划与实施需要综合考虑多个方面，确保项目的顺利进行和目标的实现。以下是一些关键的策划与实施步骤：

1.确定合作目标和内容

明确合作项目的目标和内容，包括研究主题、合作领域、合作方式等。这可以通过与合作伙伴进行深入交流和讨论来确定。

2.筹备团队组建

组建一个专业的项目团队，包括项目经理、研究人员、行政人员等。每个成员应具备相应的专业能力和工作经验，能够有效协调和推动项目的实施。

3.制订项目计划和时间表

根据合作目标和内容，制订详细的项目计划和时间表。将整个项目划分为不同的阶段和任务，并确定每个阶段的具体目标和时间要求。

4.确定资源需求和预算

评估项目所需的人力、物力和财力资源，并制定相应的预算。同时，寻找可能的资金来源，如政府资助、企业捐赠或合作伙伴的共同投资等。

5.签署合作协议

与合作伙伴签订合作协议，明确各方的权责和合作模式。协议应包括项目的具体内容、工作分配、知识产权保护、成果共享等方面的条款。

6.推进项目实施

根据项目计划和时间表，按照合作协议的约定，推进项目的实施。及时沟通和协调各方的工作，解决项目中出现的问题和难题。

（三）国际学术交流与合作项目的资源支持与管理

国际学术交流与合作项目的成功实施需要相应的资源支持与管理。以下是一些关键的资源支持与管理方面：

1.项目管理机构建设

建立一个专门负责项目管理的机构或部门，明确人员职责和工作流程，协调各项工作。该机构应包括项目负责人、项目经理和行政人员等，确保项目的顺利进行和目标的实现。

2.确定经费支持和预算管理

评估项目所需的经费，并确定相应的资金来源和预算。可以申请相关的项目资助和奖学金，为项目提供一定的经济支持。同时，建立预算管理制度，确保经费的合理使用和监督。

3.建立信息管理系统

建立一个完善的信息管理系统，及时了解项目的进展和问题，并提供数据支持和决策依据。该系统可以包括项目进度、人员分配、经费使用、成果发布等方面的信息。

4.人力资源支持

评估项目所需的人力资源，并确保项目团队具备相应的专业能力和经验。可以通过招聘和培训来补充和提高项目团队的人才储备。

5.知识产权保护和成果共享

确保项目成果的知识产权得到保护，并制定相关的政策和规定。同时，鼓励成果的共享和开放获取，促进学术交流和创新发展。

第八章　高等职业院校产业学院的
质量保证与评估

第一节　产业学院的质量保证体系与标准

一、质量保证体系的建立与完善

（一）建立质量保证体系的必要性

在产业学院中，建立一个全面的质量保证体系对于提高教育教学质量、确保培养出合格人才具有重要意义。传统的教育质量保证主要通过教师经验和学生表现来评估，缺乏科学性和客观性；而建立质量保证体系可以确保教育教学的全面、系统和可持续发展。

（二）质量保证体系的框架和要素

1.目标制定

制定明确的教育教学目标，包括知识、能力和素养的培养目标。

2.组织结构

建立专门的质量保证部门，负责制定和执行质量保证政策和措施。

3.资源保障

提供充足的教学资源，包括师资力量、教材、实验设备等。

5.课程设置

合理设置课程，确保教学内容与社会需求和学生发展需求相匹配。

6.教学方法

采用多样化的教学方法，提高教学效果和学生参与度。

7.评估体系

建立科学、客观、全面的评估体系，包括课程评估、教师评估和学生评估等。

（三）质量保证体系的实施步骤

1.制定质量保证政策和措施

明确质量保证的目标和原则，并制定相应的政策和措施。

2.组织和分工

建立质量保证部门，并明确各部门的职责和分工。

3.资源调配

确保教育教学所需资源的充足供给，包括人力、物力、财力等。

4.培训和提升

为教师提供专业培训，提高他们的教育教学能力和综合素质。

5.监督和检查

建立监督和检查机制，对教育教学过程和结果进行监测和评估。

6.持续改进

根据监督和检查结果，及时调整和改进质量保证措施。

（四）质量保证体系的完善与优化

1.定期评估和复审

定期对质量保证体系进行评估和复审，发现问题并及时解决。

2.教师和学生的参与

鼓励教师和学生积极参与质量保证体系的建设和完善。

3.借鉴先进经验

借鉴国内外先进产业学院的质量保证经验，不断优化体系。

二、教育教学质量标准的制定与执行

（一）教育教学质量标准的意义

教育教学质量标准是对产业学院教育教学工作进行评价的依据，是对教育教学质量要求的具体体现。制定和执行教育教学质量标准可以提高教育教学效果，确保学生获得优质教育。

（二）教育教学质量标准的内容

1.课程设置标准

课程设置标准是教育教学质量标准的重要内容之一。它要求课程的设计必须合理、适应学生的能力和发展需求，并具有前瞻性。合理性体现在课程的结构和内容要符合学科的基本规律和发展趋势，能够满足学生获取知识和培养能力的需要。适应性要求课程能够根据学生的特点和不同层次的需求进行调整和差异化教学，使每个学生都能够得到适当的学习支持和挑战。前瞻性则指课程应该具备与时俱进的特点，紧跟行业发展和社会需求的变化，预测未来学科的发展方向，为学生提供具有前瞻性的知识和技能。

2.教学内容标准

教学内容标准是教育教学质量标准的核心要素之一。它要求教学内容必须具有科学性、系统性和实践性。科学性指教学内容应该基于学科理论和研究成果，具备科学的逻辑和严密的推理，能够培养学生的科学思维和分析能力。系统性要求教学内容要有明确的层次和组织结构，能够形成完整的知识体系和思维框架，帮助学生全面理解和应用所学知识。实践性则表示教学内容应该与实际工作场景和社会需求相结合，注重培养学生的实际操作能力和问题解决能力，使他们能够在实践中运用所学知识。

3.教学方法标准

教学方法标准是教育教学质量标准的重要组成部分。它要求教学方法必须具备多样性、交互性和创新性。多样性指教师应该根据学生的不同特点和学习风格，采用多种适合的教学方法，如讲授、讨论、实验、案例分析等，以满足学生的不同学习需求。交互性强调师生之间的互动和学生之间的合作，通过提问、讨论和小组活动等方式，促进学生的主动参与和思维碰撞，培养其批判性思维和合作精神。创新性要求教学方法要紧跟教育技术发展和时代需求，尝试新的教学工具和方式，创造性地解决教学中的问题，提升学生的创新能力和自主学习能力。

4.教师素质标准

教师素质标准是教育教学质量标准的关键内容。它评价教师的学术水平、教学经验和专业素养等方面。学术水平体现了教师在自己学科领域的知识储备和研究能力，能够为学生提供权威的学术指导和引领。教学经验反映了教师在实际工作中的教学实践和教育教学管理经验，能够根据学生的需求和特点，灵活运用教学方法和策略，提高教学效果和学生的学习积极性。专业素养强调教师的职业道德和教育情操，要求其具备良好的师德、敬业精神和责任心，能够成为学生的榜样和引路人。

5.学生评估标准

学生评估标准是教育教学质量标准的重要组成部分。它要求制定科学、客观的学生评估标准，包括考试、作业和实践等方面。科学性体现在评估工具和方法必须具备科学的可靠性和有效性，能够全面、准确地评价学生的学习成果和能力水平。客观性强调评估过程和结果应该客观公正，不偏袒任何一方，确保评估结果的可信度和可比性。学生评估旨在帮助学生了解自己的学习状况和进步方向，促进其自我反思和自主学习。同时，评估结果也为教师提供了重要参考，帮助他们改进教学方法和策略，提高教学效果。

（三）教育教学质量标准的执行

为确保教育教学质量标准的有效执行，可以采取以下一些具体措施。

1.制定标准

根据产业学院的特点和发展需求，制定符合实际情况的教育教学质量标准。这需要由专业人员、行业专家和教师共同参与制定，并充分考虑到学生的需求和未来职业发展的要求。

2.宣传和培训

通过会议、研讨会、培训班等形式，向教师和学生宣传教育教学质量标准的重要性和具体要求。同时开展相关培训，提高教师的教育教学理念和教学技能，促进他们的专业发展和创新能力。

3.监督和检查

建立监督和检查机制，对教育教学过程和结果进行监测和评估。可以通过校内评估、外部评估、学生满意度调查等方式，收集和分析教育教学质量数据，及时了解教师和学生的反馈意见，发现问题并采取相应措施进行改进。

4.反馈和改进

根据监督和检查结果，及时对教育教学质量标准进行反馈和改进。可以组织专门的评估委员会或工作小组，定期对标准进行审查和修订，确保其与时俱进，符合实际情况。

通过以上措施的执行，可以推动教育教学质量标准在产业学院中的有效实施，提高教育教学质量，培养具有创新精神和实践能力的优秀人才，为产业发展和社会进步做出贡献。同时，还能够提升学院的声誉和竞争力，吸引更多的优秀教师和学生加入。

三、质量监控与评估机制

（一）质量监控的目的和意义

质量监控的主要目的是评估和提升教育教学的质量，确保学生获得高水平的教育。质量监控的意义在于以下几个方面。

1.提供反馈和改进机制

通过对教育教学过程和结果进行监控和评估，可以发现问题、弱点和改进建议，并及时采取措施进行改进。这有助于提高教师的授课质量、优化教学方法和提升学生的学习成果。

2.保证教育质量标准

质量监控可以确保教育质量达到一定的标准和要求，从而提升学校的声誉和竞争力。这有利于吸引更多的学生和优秀的教师，促进学校的可持续发展。

3.支持决策制定

质量监控的结果可以为学校管理层提供数据支持，帮助他们制定教育教学政策和决策。通过了解教学中存在的问题和需求，管理层可以调整资源配置、改进教学模式，以推动学校的整体发展。

4.提供参考和比较依据

质量监控可以为学校提供与其他学校和行业标准的比较依据。通过了解其他学校的最佳实践和经验，学校可以借鉴和应用这些经验，进一步提高教育教学质量。

5.增强教育透明度

质量监控通过公开和透明的评估过程，增加了学校的透明度和信任度。学生、家长和社会大众可以了解学校的教育质量，并做出知情决策。

（二）质量监控的内容和方法

1.教师评估

对教师的教学能力、教学方法和教学效果进行评估。可以采取课堂观察、学生评价、同行评议等方式进行评估。

2.学生评估

对学生的学习成绩、学习态度和综合素质进行评估。可以通过考试、作业、项目报告、学生自评等方式进行评估。

3.课程评估

对课程设置、内容设计和教材选择进行评估。可以通过学生反馈、教师评价和课程质量指标进行评估。

4.教学资源评估

对教学设施、实验室设备和图书馆资源等进行评估。可以通过设备使用率、资源更新情况和学生满意度调查等方式进行评估。

5.学校管理评估

对学校的教学管理、学生管理和质量保障体系进行评估。可以通过文件审查、管理规定遵守情况检查、领导力评估等方式进行评估。

6.外部评估

请专业机构或同行学校参与对学校教育教学质量的评估，以确保评估结果客观、公正。

（三）质量评估机制的建立与运行

1.制定评估标准和指标

根据教育教学目标和行业标准，制定科学、客观的评估标准和指标。评估标准应包括教学质量、学生学习成果、教师素质、教育资源等方面的内容。

2.选择评估方法

根据评估目的和内容，选择适合的评估方法。可以采用定量评估和定性评估相结合的方式，如问卷调查、实地观察、访谈等。

3.组织评估工作

建立评估组织机构，明确评估工作的责任和流程。可以安排专门的评估团队或委员会负责评估工作，并制定相应的工作计划和时间表。

4.数据收集和分析

对评估所需的数据进行收集和整理，包括学生学习成绩、教师评价、学生满意度调查结果等。然后进行数据分析，得出评估结论和建议。

5.编写评估报告

根据评估结论和建议，编写评估报告。报告应包括评估过程、评估结果、问题和改进建议等内容，并向相关人员提供反馈。

6.反馈与改进

将评估结果及时反馈给相关人员，包括学校管理层、教师和学生等。根据评估结果，制定改进措施并跟踪实施情况，确保评估的有效性和可持续性。

（四）质量评估结果的应用

1.决策参考

质量评估结果是制定教育教学决策的重要参考依据。学校管理层可以根据评估结果调整教学计划、资源配置和教师培训等方面，以促进教育教学的发展。

2.内外推广

优秀的质量评估结果可以作为宣传学院教育教学成果的依据，提升学院的声誉和影响力。学校可以通过公开评估报告、参加学术会议和合作交流等方式，向内外界展示自己的教育质量。

3.持续改进

质量评估结果可以发现问题和不足之处，为学院提供改进的方向和措施。学校应将评估作为一项持续的工作，并不断监督和完善教育教学质量，以提高学生的综合素质和就业竞争力。

四、质量改进与提升措施

（一）改进与提升措施

1.增加教学资源投入

针对教学资源不足的问题，产业学院需要增加教学资源的投入。首先，要提升师资力量，引进高水平的教师和专家，提供培训和发展机会，提高教师的教育教学水平和专业素质。其次，要更新教材，紧跟行业发展和技术进步的步伐，确保教材内容与实际需求相符。最后，要购置先进的实验设备，提供良好的实践环境，让学生能够更好地进行实践探索和技能培养。

2.改进教学方法

为了提高教学效果，产业学院需要改进教学方法。通过教师培训和交流，引入新的教学方法，如案例教学、小组讨论、项目实践等，激发学生的学习兴趣和积极性。同时，要注重启发式教学，鼓励学生主动思考和探索，培养其解决问题的能力。此外，还可以利用信息技术手段，如网络教学平台、虚拟实验室等，增加教学的多样性和互动性。

3.优化课程设置

为了满足市场需求和学生发展需求，产业学院需要优化课程设置。根据行业发展趋势和就业市场需求，调整课程结构和内容，增加实际应用和实践训练的比重。同时，要注重跨学科的融合，培养学生的综合素质和创新能力。还可以引入选修课程和实践项目，提供更多的选择和实践机会，满足学生个性化的需求和发展。

4.加强教师培训和发展

为了提高教师的教育教学水平和综合素质，产业学院需要加强教师培训和发展。建立完善的培训机制，为教师提供持续的培训和学习机会，更新他们的教学理念和方法。此外，要鼓励教师参与教育教学改进工作，促进教师之间的交流和分享经验，提升整体教学水平。

5.建立激励机制

为了推动教育教学改进工作，产业学院需要建立激励机制。对于积极参与教育教学改进的教师，可以给予相应的奖励和荣誉，激发其工作热情和创新意识。此外，可以设立教学奖项，如最佳教师奖、优秀教学团队奖等，以鼓励和表彰在教育教学领域取得杰出成就的个人和团队。同时，建立教师职称评定制度和晋升途径，为教师提供晋升和发展的机会，激励他们不断提升自己的教学能力和专业水平。

（二）持续改进与总结经验

1.定期评估和复审

为了确保教育教学质量的持续改进，产业学院需要定期进行评估和复审。可以设置教育教学质量评估的指标体系，对师资力量、教材质量、教学效果等方面进行评估。同时，还应邀请专业评估机构或外部专家对学校的教育教学工作进行评估，提供独立的评价意见。根据评估结果，及时调整和改进教育教学工作。

2.总结经验和分享

在改进和提升教育教学工作的过程中，需要不断总结经验和做法，并与其他产业学院分享。可以组织教师经验交流会议或研讨会，让教师们分享自己的成功经验和教学方法。同时，学校也可以参加行业教育教学研讨会或学术会议，了解其他学校的先进经验和做法，借鉴和吸收有益的教育教学理念和方法。

3.不断改进和完善

教育教学工作是一个不断改进和完善的过程。在改进的过程中，学校要保持开放的态度，及时接受来自学生、教师和各方面的反馈意见，并积极采取措施加以关注教育教学领域的最新发展和研究成果，不断更新教育理念和教学方法，以适应社会变革和学生需求的变化。

4.建立学习型组织

为了实现持续改进和提升教育教学工作的目标，学校可以努力构建学习型组织。通过建立良好的学习氛围和学习机制，激发教师和学生的学习动力和创新能力。鼓励教师进行个人专业发展和研究，提供学术交流和研究项目的机会。同时，也要鼓励学生积极参与学习和实践，提供优质的学习资源和支持。

第二节　产业学院的教学评估与质量监控

一、教学评估体系的建立与实施

（一）教学评估体系的概述

教学评估体系是一个涵盖评估各个环节和要素的系统，旨在科学评价教育和教学质量。它包括教学目标设定、评估工具和方法选择、数据收集与分析、结果反馈等多个环节，通过对这些环节的有机结合和有效运用，可以全面、准确地评估教学效果和教师教学能力。

（二）教学目标设定

教学评估的第一步是明确教学目标。教学目标是教育教学的核心，它们描述了学生应该达到的知识、技能和态度的预期结果。明确教学目标有助于评估的精确性和可比性。教学目标设定应该基于学科要求和学生的特点，考虑到学生的知识水平、认知发展阶段和兴趣爱好等因素。同时，教学目标也要与社会需求和职业发展相适应，为学生提供实际应用和发展的能力。

（三）评估工具与方法选择

根据教学目标的不同，可以选择不同的评估工具和方法。常见的评估工具包括问卷调查、观察记录、学生作业和考试成绩等。问卷调查可以通过学生的反馈了解他们对教学内容、教学方法和教师的评价，从而为教师改进教学提供参考。观察记录可以记录教学过程中的关键时刻和学生的表现，帮助评估教学效果和学生的参与程度。学生作业和考试成绩可以评估学生的学习成果和能力水平。评估方法可包括定性评估和定量评估，也可以结合使用多种方法，以多角度、多维度地了解教学情况。

评估工具和方法选择要根据评估目的和评估对象的特点来确定。不同的工具和方法有着不同的优势和限制，要根据实际情况加以选择和运用。同时还要考虑评估的公正性和客观性，避免评估结果受到主观因素的影响。

（四）数据收集与分析

在评估过程中，需要进行数据的收集和分析。数据收集可以通过评估工具进行，例如问卷调查、观察记录等，也可以通过学生作业和考试成绩等已经存在的数据进行。数据收集应该注重数据的准确性和完整性，确保数据的可靠性。数据分析是将收集到的数据进行整理、归纳和分析的过程，可以运用统计学方法和数据分析工具对数据进行处理，从而获得评估结果和结论。数据分析应该根据评估目标和问题，选择适当的分析方法，对数据进行深入挖掘和解读，不仅要关注数据之间的关联性和差异性，还要寻找其中的规律和趋势。

（五）结果反馈

评估的最终目的是为了改进教学效果。因此，评估结果应该及时反馈给相关的教师、学生和管理者，为他们提供改进教学和决策的依据。结果反馈可以通过口头说明、书面报告、会议讨论等方式进行，要注重将评估结果以简洁明了的方式传达给相关人员，并提供合理的建议和改进措施。同时，也要鼓励教师和学生参与结果的讨论和解读，促进反馈的有效性和实际运用。

二、教学质量监控与评估指标

（一）教学质量监控指标

1.教学效果

教学效果是评估教学质量的重要指标之一。可以通过学生的学习成绩、知识掌握情况、实际应用能力等方面来评估教学效果。例如，可以采用课后作业、考试成绩等方式来监控学生的学习情况，以及通过实际项目、实验报告等来评估学生的应用能力。同时还可以对学生进行学习调查和问卷调查，了解学生对教学效果的主观感受。

2.学生满意度

学生满意度是评估教学质量的重要指标之一。可以通过学生的反馈意见和评价来了解其对教学过程和教学内容的满意度。例如，可以定期进行学生满意度调查，了解学生对教师的授课方式、教材的适用性、教学资源的充分利用等方面的评价。根据学生的反馈意见，可以及时调整和改进教学工作。

3.教学资源利用率

教学资源利用率是评估教学质量的重要指标之一。可以通过教学资源的利用情况来评估教学质量。例如，可以监控教室的利用率、实验室设备的使用情况、图书馆资源的利用情况等。通过对教学资源利用率的监控和评估，可以了解教学资源的有效利用程度，为教师提供改进和优化教学资源的建议。

（二）教学评估指标

1.学生成绩

学生成绩是评估教学效果和学生学习情况的重要指标之一。可以通过期中考试、期末考试、作业成绩等方式来评估学生成绩。通过对学生成绩的分析和比较，可以客观地评估教学的效果，了解学生的学习水平和掌握程度。

2.学生参与度

学生参与度是评估教学质量和学生积极性的重要指标之一。可以通过课堂讨论、小组合作、提问回答等方式来评估学生的参与度。通过观察和记录学生的参与情况，可以了解学生对教学内容的理解和兴趣程度，评估教学的有效性。

3.教师教学反馈

教师教学反馈是评估教师教学水平和教学效果的重要指标之一。可以通过学生评价、同行评议等方式来获取教师的教学反馈。例如，可以进行课堂观察和录像回放，由专业教育工作者对教学过程进行评估。通过教师教学反馈的收集和分析，可以提供针对性的培训和改进建议。

（三）教学质量评估指标

1.教学质量评估结果

教学质量评估结果是评估整体教学质量的重要指标之一。可以通过定期进行教学质量评估，并得出评估结果。例如，可以采用学校内部评估或外部评估的方式，通过评估结果来了解教学质量的整体水平，并提供改进和优化的方向。

2.学生毕业去向

学生毕业去向也是评估教学质量的重要指标之一。可以通过了解学生进入就业或继续深造的情况来评估教学质量。例如，可以调查毕业生的就业情况、继续教育情况等，了解他们的职业发展和学术成长。根据学生毕业去向的情况，可以评估教学的培养效果和实际应用能力。

3.教学质量指标排名

教学质量指标排名是评估教学质量的参考指标之一。可以了解学校在教学质量方面的整体水平和与其他学校的比较。通过参考教学质量指标排名，可以了解学校在教学质量方面的优势和不足，并进行对比和改进。

（四）教学质量改进指标

1.教学目标的达成度

教学目标的达成度是评估教学质量改进的重要指标之一。可以通过对教学目标的设定和学生的学习情况进行评估，了解教学目标的实现情况。例如，可以通过课程设计和教学评价来评估学生对教学目标的掌握程度和应用能力。

2.教学方法的改进

教学方法的改进是评估教学质量改进的重要指标之一。可以通过对教师的授课方式和教学方法进行评估，了解教学方法的有效性和适用性。例如，可以采用教学观察、学生反馈等方式，评估教师的教学方法，收集学生的意见和建议，以便及时调整和改进教学方法。例如，可以通过教师培训、教学研讨等方式，提供新的教学方法和策略，帮助教师提高教学效果。

3.教学资源的优化

教学资源的优化是评估教学质量改进的重要指标之一。可以通过对教学资源的分析和评估，了解教学资源的合理性和充分利用程度。例如，可以评估教学设备的更新情况、图书馆资源的丰富程度等。根据评估结果，可以优化教学资源的配置和使用，提高教学效果和满意度。

4.教学反馈机制的建立

教学反馈机制的建立是评估教学质量改进的重要指标之一。可以建立学生评教和教师评教的机制，定期收集学生对教学的反馈意见和建议，同时也可以建立教师对学生学习情况的反馈机制，了解学生的学习情况和困难。通过建立有效的教学反馈机制，可以及时调整和改进教学工作，提高教学质量。

5.教学创新与研究

教学创新与研究是评估教学质量改进的重要指标之一。可以鼓励教师进行教学创新和研究，通过引入新的教学理念和方法，提高教学效果和学生的学习积极性。例如，可以通过教学论文发表、教学项目研究等方式，鼓励教师进行教育科研，提高教学水平和质量。

三、课程建设与改革的质量保证

（一）课程设计与开发

课程设计与开发是保证课程质量的重要环节。它涉及明确教学目标、确定教学内容和教学方法，以及合理安排教学资源等方面。在课程设计过程中，需要综合考虑学生的学科兴趣、认知发展水平和学习能力，以及社会和行业的需求，在此基础上确定课程的整体框架和教学大纲。同时，还要针对不同的教学单元和教学时段，制订具体的教学计划，明确每个阶段的教学目标和内容，以及相应的教学方法和评估方式。

课程开发是根据教学设计的要求，进行具体的教材编写和教学资源准备的过程。在课程开发中，应该选择适合教学目标和学生特点的教材和教辅资料，并对其进行适当的调整和补充，以满足实际教学的需要。同时，还需要准备相关的教学辅助材料和多媒体资源，以支持教师的教学活动和学生的学习过程。课程开发还包括教师对教材的研究和解读，以及对教学案例和实例的收集和整理，为教学提供更丰富的内容和参考资料。

（二）师资队伍建设

师资队伍的建设是保证课程质量的核心要素。优秀的教师是课程设计和实施的主体，他们的专业知识和教学能力直接影响着教学效果和学生的学习成果。因此，需要招聘具有专业知识和教学经验的教师，并通过培训和发展机会不断提升教师的教学能力。培养教师的教育教学研究能力和创新精神，鼓励他们参与教学改革和教育研究，提高教师的专业素养和教学水平。

此外，还要建立完善的教师评价和激励机制，根据教师的教学表现和学术研究成果进行评价，从而激发教师的积极性和创造力。可以设置教学奖励和晋升制度，对于表现优秀的教师进行表彰和奖励，鼓励他们在教学中的创新和突破。同时，还可以提供专业发展的培训机会和学术交流平台，为教师提供继续学习和成长的机会。

（三）教学资源建设

教学资源建设是保证课程质量的重要保障。它包括教室、实验室、图书馆、网络教育平台等教学设施和资源的建设和管理。教室应该满足教学的需要，包括合适的座位布局、教学设备和多媒体设备等，以提供良好的学习环境和条件。实验室应该配备先进的实验设备和工具，为学生提供实践操作和实验研究的机会。图书馆应该收藏丰富的纸质和电子教学资源，为教师和学生提供参考书籍和学术文献。网络教育平台应该提供方便快捷的在线教学和学习服务，支持教师和学生的教学活动和学习过程。

此外，还要定期更新教学资源，与时俱进，适应社会和行业的需求。例如，及时采购新的教学设备和仪器，更新教材和教辅资料，改进和优化网络教育平台的功能和服务。同时，也要合理管理和维护教学资源，确保其正常运行和有效利用。

（四）课程改革与创新

课程改革与创新是提高课程质量的重要途径。课程应该与时俱进，紧密结合社会和行业的需求，关注教育前沿的理论和实践。通过定期评估和反馈机制，收集和分析教师、学生和行业的课程改革可以包括对课程的结构和内容进行调整和优化，更新和引入新的教学方法和策略，提供更多的实践教学和实习机会，培养学生的实际操作能力和解决问题的能力。此外，还应鼓励教师进行教育教学研究和创新实践，推动教学方式的创新和改进，提高教学的活跃性和吸引力，激发学生的学习兴趣和主动性。

课程改革与创新还可以通过与行业、社会的合作与交流来实现。可以与企业、机构、社会组织等建立合作关系，开展联合培养、实践教学和项目合作等活动。通过与行业专家和实践经验的分享，将实际问题和案例引入教学中，帮助学生更好地理解和应用所学知识。同时，还可以邀请行业人士参与课程设计和教学评估，提供宝贵的专业意见和建议，促进课程的不断优化和升级。

此外，课程改革与创新还需要注重教育技术的应用。利用信息技术和教育技术手段，如在线教学平台、多媒体教具、虚拟现实等，可以丰富教学内容和方法，提供个性化和自主学习的机会。通过在线互动、远程教学等方式，打破时间和空间的限制，实现教学资源的共享和传递。此外，还可以通过大数据技术和学习分析，对学生学习情况进行跟踪和评估，提供个性化的学习支持和指导。

四、学生评价与教师评估机制

（一）学生评价机制

1.课程满意度调查

通过向学生发放满意度调查问卷来了解他们对课程的整体满意度，包括教学内容、教学方法、教材选择等方面的评价。可以采用定量评分和开放性问题相结合的方式，以获得更全面的反馈。

2.学生评估表

学生评估表是一种综合评估工具，涵盖了学生对教师教学水平、教学态度、教学方法等方面的评价。可以根据不同的学科或课程设置评估维度和评分标准，让学生对每个维度进行评价，并提供意见和建议。

3.小组讨论

可以组织学生进行小组讨论，就教学质量、教学环境、课堂氛围等方面进行交流和反馈。小组讨论可以激发学生的参与度和主动性，提供更加深入、具体的意见和建议。

（二）教师评估机制

1.教学观摩

安排其他教师或专家对教师的课堂进行观摩和评估。观摩者可以评价教师的教学方法、课堂管理能力等方面，并提供针对性的建议和改进措施。

2.教学日志

教师可以记录自己的教学过程、教学心得和教学反思等内容。教学日志是一种自我评估工具，可以帮助教师及时发现问题并进行调整和改进。

3.教学成果评估

评估教师的教学成果，包括学生成绩、教学反馈、教学创新等方面。可以通过学生学习成绩的提升、学生的满意度调查结果以及教学项目和科研成果等来评估教师的教学质量。

（三）定期评估和反馈

1.定期评估

学校可以设立定期的评估周期，例如每学期末或每年末进行一次全面评估。评估内容应包括教学效果、教学方法、教学资源利用等方面，以全面了解教师的教学表现。

2.及时反馈

评估结果应及时反馈给教师本人，以便他们了解自己的教学表现，并进行必要的改进和提升。可以通过个别反馈会议、评估报告和评估结果的公示等形式进行反馈。

五、质量问题处理与纠正措施

（一）问题排查与分析

在进行教学评估时，可能会发现一些质量问题或存在的不足之处。对于这些问题，需要进行深入的排查和分析，找出其根本原因和影响因素。具体的步骤如下。

1.收集相关数据

收集与问题相关的教学数据，包括学生评价、学生成绩、课堂观察记录等。

2.分析数据

通过对数据的整理和分析，找出问题发生的具体情况和规律，确定问题的类别和范围。

3.调查核实

可以采用问卷调查、访谈等方式，向教师和学生了解问题的具体表现和原因。

4.形成问题分析报告

根据收集到的数据和调查结果，形成问题分析报告，具体描述问题的原因和影响因素。

（二）制定纠正措施

针对发现的问题，需要制定相应的纠正措施。

1.对教学方法的改进

•分析问题：详细分析问题的具体表现和原因。

•设定目标：确定改进目标，如增强学生的参与度和积极性。

•寻找解决方案：研究并引入先进的教学方法，如启发式教学、案例研究等。

•制定时间表：根据可行性和实施周期，制定改进教学方法的时间表。

•执行计划：确定具体的改进步骤和实施计划，并明确责任人和工作内容。

2.加强教师培训和发展

•评估需求：通过教师自评、学生反馈等方式，了解教师培训和发展的需求。

•设计培训课程：基于评估结果，设计有针对性的培训课程，包括教学理论、教学技巧等。

•安排培训时间：确定培训时间，可根据教师工作安排进行分批次或分阶段进行。

•实施培训计划：按照培训课程和时间表，组织教师参加培训活动，并配备相应的培训资源。

•效果评估和跟进：对培训效果进行评估，并进行后续跟进和支持。

3.优化教学资源

•资源调研：了解当前教学资源的情况和使用情况，发现不足之处。

•需求分析：根据教学需求，确定需要新增、更新或优化的教学资源内容。

•资源采购和更新：制订采购计划，购买新的教学资源，如图书、实验器材等。

•资源开发和整合：开发适应课程需要的新教学资源，并整合已有的资源，形成完善的资源库。

•推广和使用指导：为教师提供资源的推广和使用指导，保障资源的有效利用。

在制定纠错措施时，需要根据问题的严重程度和紧迫性来制定相应的时间表和执行计划。这些计划应该具体明确，包括责任人、工作内容、时间节点等，以确保纠正措施的有效实施。同时，还需要建立监督机制，定期评估和监控纠正措施的执行情况，及时调整和改进。

（三）监督与跟进

纠错措施的落实需要进行监督与跟进，确保其有效性和持续性。以下是一些监督与跟进的方法。

1.设立监督机构

建立教学质量监控小组或委员会，负责监督和跟进纠错措施的实施情况。

2.定期评估和反馈

定期对纠错措施的效果进行评估，并及时向相关人员提供反馈和改进建议。

3.跟踪措施执行

通过教学观察、课堂巡查等方式，对纠错措施的执行情况进行跟踪和检查。

（四）持续改进

质量问题处理和纠错措施的目的是为了持续改进教学质量。以下是一些持续改进的方法。

1.总结经验和教训

对处理问题的过程进行总结，分析经验和教训，为今后的课程建设和改革提供参考和借鉴。

2.进行自我评估

定期进行自我评估，发现和解决潜在的问题，及时进行调整和改进。

3.加强反馈机制

建立学生和教师之间的反馈机制，鼓励双向交流和意见反馈，不断改进教学质量。

（五）教师培训与发展

教师培训与发展是质量问题处理和纠正措施的重要方面。以下是一些教师培训与发展的方法。

1.提供培训机会

为教师提供参加专业培训、学术研讨和教学能力提升的机会。

2.开展教师发展计划

制订个性化的教师发展计划，根据不同教师的需求和特点，提供相应的支持和帮助。

第九章 高等职业院校产业学院的校企合作与人才培养

第一节 产业学院的校企合作机制与模式

一、产学研合作平台的建立与管理

首先，要建立一个信息共享的平台，使企业和学校之间能够及时、全面地了解对方的需求和资源。平台可以建立相应的数据库，收集整理企业的技术需求、人才需求以及学校的人才培养和科研成果等信息，同时也可以展示学校的专业优势和研究实力，以便双方能够更好地进行合作。

其次，要建立一个项目对接的平台，通过项目的申报、评审和管理等环节，将企业的实际需求与学校的教学和科研资源进行有效对接。平台可以设置专门的项目对接团队，负责与企业进行沟通，明确项目的具体需求和目标，并将其转化为学校的教学和科研项目，由双方共同参与实施。同时，还可以建立项目成果的交流和评估机制，对项目的进展和效果进行监督和评价，以保证项目的顺利进行。

再次，还应建立一个合作交流的平台，包括定期举办校企合作的座谈会、研讨会和培训班等活动，以促进双方之间的交流与合作。通过这些活动，学校可以向企业介绍最新的教学和科研成果，同时也可以了解企业的发展需求和技术动态，从而更好地调整和优化人才培养方案，为企业提供更加贴合实际需要的人才。

对于平台的管理，建议可以成立一个专门的机构或部门，负责平台的日常运营和管理工作。这个机构或部门可以由学校和企业的相关人员组成，共同参与平台的决策和规划，确保平台的有效运行。

二、校企合作模式的选择与规范

首先，产业学院应明确校企合作的目标和原则。校企合作旨在促进学校教学和科研的实践应用，提升学生的实践能力和就业竞争力，同时也为企业提供高素质的人才和科技支持。因此，合作的目标应既符合学校的教育使命，又顾及企业的发展需求，双方应本着平等互利的原则进行合作。

其次，产业学院应建立合作项目的评估和管理机制。在选择合作项目时，要对项目的可行性和效益进行评估，确保项目能够真正满足企业的需求，并能够为学生提供实践锻炼的机会。同时，在项目的实施过程中，要建立相应的管理制度，明确各方的责任和义务，保证项目按计划进行，并及时解决合作中出现的问题和困难。

再次，产业学院应加强知识产权的保护和管理。在校企合作中，可能涉及技术和信息的交流，为了保护双方的权益，产业学院应建立相关的知识产权管理制度，明确双方在知识产权的归属和使用上的权利和义务，并采取相应的措施确保知识产权的保护和管理。

最后，产业学院应加强与相关政府部门的沟通和合作，共同制定相关的政策和规范，为校企合作提供良好的外部环境和支持。

三、企业导师与教师合作机制

通过企业导师与教师的合作，可以更好地将学校的理论教学与企业的实际需求结合起来，培养出更适应市场需求的人才。

首先，建议建立企业导师与教师的定期沟通机制。企业导师和教师可以定期举行座谈会或交流会，分享双方的经验和观点，共同探讨人才培养的方法和策略。通过这种方式，可以更好地了解企业对人才的要求和期望，从而调整和改进人才培养方案。

其次，建议建立企业导师与教师的协同指导机制。在实习或实训环节中，企业导师和教师可以共同参与学生的指导工作，共同制定学生的实践任务和评价标准，并进行定期的跟踪和评估。通过这种方式，可以确保学生在企业实践中能够得到有效指导和反馈，同时也可以提供学生在实践过程中遇到的问题的解决方案和经验分享，帮助学生更好地适应和成长。

再次，还可以建立企业导师与教师的培训机制。通过定期的培训和交流活动，提升企业导师和教师的专业素养和教学水平，使其能够更好地指导学生，并及时了解行业动态和新技术的发展，以便将最新的知识和技术传授给学生。

最后，还应加强评价和激励机制的建设。可以建立评价指标和评估方法，对企业导师和教师的贡献和表现进行评估，并给予相应的激励和奖励。这不仅可以鼓励企业导师和教师积极参与校企合作，还可以提高他们的责任感和工作积极性，从而提升校企合作的效果和成效。

四、校企人才培养计划的制订与实施

（一）制订符合实际需求的人才培养计划

应充分考虑企业的技术要求和市场需求，为学生提供全面、系统的职业教育，并注重培养学生的实践能力和创新精神。

首先，制订人才培养计划前，产业学院应与企业进行深入的调研和需求分析。了解企业对人才的技术能力、专业素养和创新能力等方面的要求，同时也要了解行业的发展趋势和未来的技术需求，以便制订出更符合实际需求的人才培养计划。

其次，人才培养计划应包括理论教学和实践教学两个方面。在理论教学上，要注重学生的基础知识和专业知识的学习,培养学生的分析和解决问题的能力。在实践教学上，要加强学生的实践训练和实习实训环节，使学生能够将所学知识应用到实际工作中，提升他们的实践能力和创新意识。

再次，还应注重学生的综合素质和职业素养的培养。在人才培养计划中，要加强学生的综合素质教育，培养学生的团队合作能力、沟通交流能力和创新思维能力，使他们成为具有全面发展能力的优秀人才。

（二）加强与企业的合作与沟通

首先，建议建立学校与企业的联合培养模式。在该模式下，学生在校期间可以参与企业的实习或实训项目，与企业员工一同工作，亲身体验企业的运营和管理，并将理论知识与实际工作相结合。这种模式能够提高学生的实践能力和就业竞争力，并使学生更好地适应职业发展的要求。

其次，要加强学校与企业之间的沟通和协调。学校可以与企业签署合作协议，明确双方的责任和义务，确保人才培养计划的实施得到企业的支持和配合。同时，还可以定期召开校企合作座谈会，及时了解企业的反馈和建议，不断改进和完善人才培养计划。

（三）加强对学生的跟踪和评估

首先，在学生实习或实训期间，学校应对学生进行指导，并定期进行评估。评估内容可以包括学生在实践过程中的工作表现、问题解决能力和团队合作能力等方面，以及对学生未来发展的建议和指导。

其次，学院还可以与企业合作，共同开展学生的实践项目和科研项目。通过参与实际项目，学生能够更好地锻炼自己的技能和能力，提升解决实际问题的能力和创新能力。

最后，学院还应建立学生就业跟踪机制，了解学生毕业后的就业情况和职业发展情况，从而了解人才培养计划的效果和成效，并及时调整和改进相关的教育教学方案。

第二节　产业学院的人才培养方案与路径

一、人才培养目标与要求的确定

（一）确定人才培养目标

在产业学院的人才培养方案与路径中，产业学院的目标是培养具有高素质和专业能力的实践型人才，以满足不同行业的需求。具体而言，产业学院的人才培养目标包括以下几个方面。

1.全面发展

培养学生的综合素质，包括知识、能力、品德和创新精神等方面的全面发展。通过提供多样化、个性化的培养环境和资源，使学生在提升学科专业能力的同时，也能够培养良好的人文素养、领导才能和创新意识。

2.适应行业需求

考虑到不同行业对人才的需求差异，产业学院注重培养学生在特定领域的专业知识和技术能力。为此，产业学院将加强与行业合作，与企业、研究机构等建立紧密的联系，及时了解并反馈行业发展动态，确保学生所学内容符合实际需求。

3.实践能力培养

重视培养学生的实践操作能力和解决实际问题的能力。通过实验室实训、校外实习、课程设计等方式，使学生能够真实地接触到职场环境，进行实践操作，提高实际问题解决的能力。

4.创新能力培养

注重培养学生的创新思维和创新能力。通过开设创新创业类的课程、组织学生参加科技创新竞赛等活动，激发学生的创新潜能，培养学生在实践中提出问题、寻找解决方案的能力。

5.国际化视野

培养学生具备国际化的视野和跨文化交流能力。通过开设国际化课程、组织学生参加海外交流项目等方式，引导学生了解国际前沿知识和全球经济发展趋势，增强学生的国际竞争力。

（二）确定人才培养要求

为了更好地培养出符合产业发展需求的人才，产业学院制定了以下几方面的人才培养要求。

1.学科知识能力

学生应具备扎实的专业基础知识，掌握相关学科的前沿动态。通过开设系统的专业课程和实验实训，培养学生对所学学科的深入理解和掌握。

2.操作能力

学生应具备一定的实践操作能力，能够运用所学知识解决实际问题。通过实验室实训、校外实习等实践活动，培养学生的实践操作能力和问题解决能力。

3.创新能力

学生应具备创新思维和创新能力，能够进行独立思考和创新实践。通过创新创业类课程、科研项目等方式，培养学生的创新意识和能力。

4.团队协作能力

学生应具备良好的团队协作和沟通能力，能够与他人合作解决问题。通过开展团队项目、社团活动等方式，培养学生的团队协作能力和领导才能。

5.社会责任感

学生应具备良好的社会责任感和职业道德，能够积极参与社会实践和服务。通过开设社会实践课程、组织社会公益活动等方式，引导学生关注社会问题，培养学生的社会责任感和公民意识。

二、课程设置与教学方法的创新

（一）课程设置

在人才培养方案中，创新的课程设置是非常重要的，因为它直接影响着学生对知识的全面掌握和实践能力的培养。为了确保学生具备坚实的学科基础和满足个性化发展需求，产业学院应该设计一系列多样化的课程。

首先，基础课程是学生建立学科基础的基石。这些基础课程应包括专业核心课程和通识课程。专业核心课程是学生在特定学科领域中必须学习的关键课程，它们提供了该领域的核心知识和理论基础。而通识课程则致力于培养学生的综合素养，涵盖人文、社会科学、自然科学等多个领域，帮助学生形成广泛的视野和批判性思维能力。

其次，为了满足学生个性化发展需求，并与行业需求保持前沿性和实践性，学院应该设置专业选修课程。这些选修课程可以根据学生的兴趣和志向进行选择，涵盖特定领域或专题的深入学习。通过选修课程，学生能够将理论知识应用于实际问题的解决中，并培养创新思维、团队协作和问题解决能力。

（二）教学方法

为了创新教学方法，产业学院应该采用多元化的教学方式，包括课堂教学、实践教学、项目学习和实习等。这样可以激发学生的学习兴趣，并培养他们的自主学习和问题解决能力。

课堂教学是传授知识和理论的重要环节,但不应止步于传统的讲解和演示。产业学院可以运用启发式教学法、案例分析和小组讨论等形式,积极引导学生思考和互动,从而加深对知识的理解和应用。

实践教学是将理论知识与实际操作结合起来的重要途径。通过实验、实地考察和模拟实践等形式,学生能够亲身体验和掌握相关技能,培养实践能力和解决实际问题的能力。

项目学习是一种以项目为载体的学习方式,可以培养学生的团队协作、项目管理和问题分析能力。学生通过参与真实或模拟的项目,在实践中学习,并解决实际问题。

实习是将学生送入实际工作环境中进行学习和实践的重要方式。通过实习,学生能够将所学知识应用于实际工作中,了解行业发展趋势和需求,并培养职业素养和人际交往能力。

除了以上教学方法,产业学院还可以借助现代教育技术,提供在线学习资源和平台,为学生提供便利和灵活的学习体验。例如,开设网络课程、提供教学视频和在线交流平台等,使学生能够随时随地获取知识,与教师、同学进行交流互动。

三、实践教学与项目实施

(一)实践教学

实践教学是产业学院人才培养方案中非常重要的一环。应该注重实践教学的质量和深度,提供丰富多样的实践教学机会。

1.实践项目

组织学生参与产业项目,让他们亲身参与实际操作和工作流程,锻炼实践能力和团队合作精神。

2.实地考察和调研

安排学生进行实地考察和调研活动,深入了解相关产业的发展现状、问题和需求,培养学生的观察能力和分析能力。

3.企业实习

与各行各业的企业建立合作关系，为学生提供实习机会，让他们在真实的工作环境中学习和实践，掌握实际操作技能和行业经验。

4.模拟实训

通过模拟实训设施和场景，让学生接触到真实的工作情境，进行仿真操作和应对挑战，提高实践能力和问题解决能力。

（二）项目实施

进行项目实施是培养实践型人才的重要手段之一。应该与相关企业、行业合作，开展实际项目，让学生在实践中学习和成长。

1.与企业合作项目

与相关企业签订合作协议，共同开展实际项目。学生可以参与项目的规划、实施和评估，锻炼项目管理和团队合作能力。

2.学生自主项目

鼓励学生自主创新并实施项目，提供必要的支持和指导。学生可以通过项目实施过程，培养创新思维、解决问题的能力和实践操作技能。

3.社会服务项目

与社会组织或公益机构合作，开展社会服务项目，让学生关注社会问题，并提供解决方案，培养责任感和社会意识。

4.跨学科项目

鼓励不同专业的学生跨学科合作，共同开展项目。这有助于学生拓宽视野、加强综合能力和团队合作精神。

（三）培训与竞赛

应该积极组织学生参加各类培训和竞赛活动，提供平台让学生展示自己的才能，促进学生个人能力的发展和提升。

1.技术培训

组织专业技术培训，提高学生的专业知识和实践操作能力。可以邀请行业专家或企业技术人员进行培训，让学生了解最新的技术动态和应用。

2.职业素养培养

开设职业素养课程，培养学生的沟通能力、团队合作精神和职业道德。可以组织演讲比赛、领导力培训等活动，提升学生的综合素质。

3.创新创业竞赛

鼓励学生参加各类创新创业竞赛，提供平台展示自己的创意和创新项目。通过参与竞赛，学生可以锻炼创新思维、团队协作和解决问题的能力。学院可以提供指导和支持，帮助学生完善项目计划、商业模式等，为他们在创新创业领域取得成功奠定基础。

四、综合素质培养与能力提升

（一）综合素质培养

在人才培养方案中，产业学院非常注重综合素质的培养，这包括人文素质、领导力培养、跨文化交流等方面。产业学院认为，综合素质的培养是一个学生全面发展的基础和关键要素。

首先，鼓励学生参与人文社科类课程的学习，通过哲学、社会学、心理学等学科的深入研究，培养学生的人文素质和人文精神。这些课程将帮助学生拓宽视野，提高思辨和分析问题的能力，增强他们面对复杂社会问题时的责任感和担当能力。

其次，注重领导力培养。通过组织学生参与学生会、社团组织、团队项目等活动，培养他们的领导能力和团队协作能力。学院鼓励学生参与领导岗位的担任和团队合作的实践，通过实际操作锻炼他们的组织能力、沟通能力和解决问题的能力。

再次，重视跨文化交流的培养。通过开设国际化课程、组织学生参加海外交流项目等方式,学院希望学生能够了解不同文化背景下的思维方式和价值观，培养他们的跨文化沟通和合作能力。这将有助于他们在面对国际化的职场环境时更好地适应和协作。

（二）能力提升

为了使学生具备更多的专业能力和职业素养，产业学院将通过专业能力培训和实践经验的积累来帮助他们提升能力。

首先，开设齐全、内容完善的专业课程，确保学生掌握所学专业的核心知识和技能。这些课程将覆盖专业的基础理论知识和实践操作技能，旨在帮助学生建立扎实的专业基础并具备丰富的实践经验。

其次，鼓励学生参加专业技能认证考试和实践项目。通过参与认证考试，学生可以在实践中检验自己的专业能力，并获得权威机构颁发的认可证书，提升他们的就业竞争力。同时，学生还将有机会参与实践项目，通过实际操作解决问题，提高解决实际问题的能力。

再次，学院将积极引导学生进行科研学术活动。通过参与科研项目、发表学术论文等方式，学生可以探索学科前沿知识，培养科学研究的思维方式和方法，提升学术能力和创新能力。

（三）创新创业教育

创新创业教育是产业学院人才培养方案中的重要内容之一。产业学院认为，创新创业是推动社会进步和经济发展的重要力量，培养学生的创新创业能力具有重要意义。

为了实现创新创业教育的目标，产业学院将开设相关课程，涵盖市场调研、商业模式设计、风险管理等方面的内容。通过这些课程的学习，学生将了解创新创业的基本概念、方法和流程，培养创新思维和创业意识。

除了开设课程，产业学院还将组织创新创业实践活动，例如创业竞赛、创业讲座、公司参访等。这些活动将为学生提供实践平台，帮助他们了解创业过程、锻炼商业洞察力和团队协作能力，培养创新创业的实践能力。

另外，产业学院也将提供相关创业支持和资源，例如创业导师制度、创业孵化器等。这些资源将为有创业意向的学生提供指导和支持，帮助他们更好地实现创业梦想。

通过创新创业教育的开展，产业学院旨在培养学生的创新思维和创业能力，并激发他们的创业潜力。产业学院相信，通过创新创业教育的培养，学生可以更好地适应社会发展的需求，同时也为他们个人的职业发展提供了更多的可能性。

（四）终身学习与发展

在人才培养方案中，产业学院强调学生需要保持终身学习的意识，并提供相关的继续教育机会和资源。产业学院认为，终身学习是一个人不断提升自己能力和适应社会变化的重要途径。

首先，学院建立了校内外的继续教育平台和合作伙伴关系，为学生提供进一步学习和专业发展的机会。通过与行业合作伙伴的合作，学院可以及时了解行业的最新发展动态和需求，为学生提供相关的专业培训和学习机会。

其次，学院鼓励学生积极参与行业培训、学术交流和实践项目。这些活动将帮助学生不断拓宽自己的知识领域，学习新的技能和知识，并与其他专业人士进行交流和合作，提升自己的专业素养和能力。

再次，学院也重视学生个人发展规划的指导。通过职业咨询和就业指导服务，学院帮助学生了解行业的就业前景和发展趋势，引导他们制定个人的职业规划，并提供相关的支持和资源，帮助他们实现职业目标。

第三节　产业学院的人才供需对接与合作项目

一、产业需求分析与人才培养规划

（一）产业需求分析

产业学院应密切关注当前和未来一段时间内相关产业的发展趋势和需求情况，以确保培养出符合市场需求的人才。常见的产业需求分析方法如下。

1.市场调研

市场调研是了解目标产业市场的需求情况的重要手段。可以通过收集和分析相关数据、行业报告、市场调查等方式，了解企业对人才的需求量、需求结构和技能要求等信息。这些信息可以帮助产业学院针对实际需求进行课程设置和人才培养方案的制定。

2.产业专家咨询

与相关产业的专家或企业代表进行沟通和交流，可以获取到他们对人才需求的看法和建议。这些专家拥有丰富的行业经验和前瞻性的洞察力，可以为产业学院提供宝贵的参考意见，帮助了解行业发展趋势和未来的人才需求变化。

3.人才需求预测

结合经济发展趋势、技术进步以及行业转型等因素，对未来人才需求进行预测和评估。通过研究宏观经济形势、相关政策、科技创新和市场发展情况，可以对不同行业的人才需求进行趋势分析和预测，为产业学院提供合理的人才培养方案和人才储备计划。

4.比较分析

通过对类似产业的人才需求进行比较和分析，可以找出共性和差异，为产业学院提供参考。通过比较不同产业的人才需求量、专业结构和技能要求等方面的差异，学院可以针对性地进行课程设置和人才培养计划的调整，以适应不同产业的人才需求。这有助于提高人才培养的针对性和实效性，增强学生就业竞争力。

（二）人才培养规划

基于对产业需求的分析，产业学院可以制定相应的人才培养规划，内容包括以下方面。

1.课程设置

根据产业需求和人才培养目标，合理设计和调整相关专业的课程设置。确保课程内容与市场需求紧密对接，提供学生所需的知识、技能和能力。

针对课程设置的合理性，需要结合产业需求和人才培养目标进行考量。首先，产业学院需要了解当前产业的发展趋势和需求，以及未来可能出现的变化。通过与企业和行业协会的合作，可以获取到有关产业的最新资讯和专业知识，从而为课程设置提供依据。

在课程设置的过程中，应该注重以下几个方面：

•打好基础知识：学生在专业领域掌握必要的基础知识是非常重要的。通过打好基础，学生可以更好地理解相关知识，并能够在实践中运用。

•培养实践能力：随着产业的发展，对于学生的实践能力要求也越来越高。因此，在课程设置中应该注重培养学生的实践能力，通过实验、项目等方式让学生亲身参与实践，增强他们的动手能力和问题解决能力。

•适应技术创新的需求：技术的更新换代速度非常快，因此，在课程设置中需要关注当前和未来的技术发展趋势，并将相关的技术知识纳入课程中。这样可以帮助学生跟上时代的步伐，提前适应技术创新所带来的变化。

2.教学方法

结合产业特点和人才培养目标，采用适合的教学方法和手段，培养学生的实践能力和创新意识。

教学方法应该根据不同的专业特点和学生背景进行选择和调整。以下是几种常见的教学方法：

•讲授法：通过讲授知识，向学生传授相关理论和概念。这种方法适用于基础知识的学习和理论性较强的课程。

•实践操作：让学生亲自动手进行实践操作，例如实验、实训等。这种方法可以帮助学生更好地理解和掌握知识，并培养他们的实际操作能力。

•项目实战：组织学生参与具体项目的实施，让他们在实际的工作环境中应用所学知识。这种方法可以培养学生的团队合作能力、解决问题的能力和创新意识。

•讨论互动：组织学生进行小组讨论、案例分析等形式的互动，促进他们主动思考和交流。这种方法可以培养学生的批判性思维和沟通能力。

教学方法的选择应该根据课程的性质、学生的特点以及市场需求来确定。同时，随着技术的发展，还可以借助在线教育平台、虚拟实验室等新的教学手段，提供更多样化和灵活的学习方式。

3.实习实训

加强与企业的合作，提供更多实习实训机会，让学生在实际工作中获得经验，提升就业竞争力。

实习实训是将学生所学的理论知识应用于实际工作环境中的重要环节。通过与企业建立合作关系，可以为学生提供更多的实习实训机会，使他们能够亲身体验专业领域的实际操作和工作流程。

为了加强与企业的合作，学院可以采取以下措施：

•与企业建立校企合作关系：积极与相关行业的企业建立合作关系，开展双向交流与合作。可以派出教师到企业进行实地考察，了解企业需求和实际工作情况，并针对性地调整课程设置和教学内容。

•提供实习岗位和项目合作机会：为学生提供丰富的实习岗位和项目合作机会，与企业共同制定实习计划和项目任务，让学生在真实的工作环境中锻炼自己，并将所学知识应用于实践中。

•实习指导和评估：安排专业教师或企业导师对学生的实习过程进行指导和评估，及时给予学生反馈和帮助，帮助他们更好地掌握实践技能，并提升实习效果。

•实习报告和总结：要求学生在实习结束后提交实习报告，总结实习经验和所获得的成果。通过对学生的实习报告进行评阅和评估，可以了解学生在实习过程中的表现和收获，为他们提供个性化的指导和培养。

通过加强与企业的合作，提供更多实习实训机会，学生可以在真实的工作环境中锻炼自己，获得宝贵的实践经验。这不仅有助于他们提升就业竞争力，还能够进一步了解行业动态和实际工作需求，为未来的职业发展做好准备。

4.职业规划指导

为学生提供职业规划指导和就业辅导服务，帮助他们了解产业发展趋势、就业前景和职业发展路径。

职业规划是指学生在选择职业方向和发展道路时进行的系统思考和决策过程。为了帮助学生做出明智的职业选择，学院应该提供职业规划指导和就业辅导服务，以便学生能够了解产业发展趋势、就业前景和职业发展路径。

以下是一些可以采取的措施：

•职业咨询和指导：设立专门的职业咨询中心或就业指导中心，为学生提供个性化的职业咨询和指导服务。通过与专业顾问的交流，学生可以更好地了解自己的兴趣、优势和职业倾向，制定适合自己的职业规划。

•就业信息发布和推荐：及时发布行业和企业的招聘信息，并根据学生的专业背景和兴趣进行推荐。提供就业信息的渠道，帮助学生获取更多的就业机会，并与企业建立起紧密的联系。

•就业技能培训：为学生提供就业相关的技能培训，例如求职技巧、面试技巧、职场沟通等。通过培训，帮助学生提升自己在职业竞争中的能力，并增强他们的就业竞争力。

•职业导师计划：建立职业导师计划，将专业领域的从业者和学生进行匹配，由导师为学生提供职业指导和经验分享。导师可以分享自己的职业发展经历、行业见解和就业建议，帮助学生更好地规划自己的职业发展。

•创业支持：对于有创业意愿的学生，学院可以提供创业支持，包括创业项目评审、创业培训、创业资源对接等。通过给予创业者必要的支持和指导，帮助他们实现自己的创业梦想。

二、就业信息与招聘服务

（一）就业信息发布

产业学院应建立健全就业信息发布系统，及时向学生提供行业动态、用人单位招聘信息等就业相关信息。可以通过以下方式进行信息发布：

1.网上平台

为了方便学生获取最新的就业信息，学校可以建立一个校内就业信息网站或在线平台。该平台可以汇集各个行业和企业的招聘信息，并提供筛选和搜索功能，使学生能够根据自己的意愿和条件找到适合的岗位。此外，该平台还可以提供一些就业指导和职业规划资源，帮助学生做好求职准备。

2.就业资讯通讯

为了及时传递就业相关的政策、行业动态和用人单位招聘信息，学校可以定期发布电子或纸质版的就业资讯通讯。这些通讯可以包括就业政策解读、成功就业案例分享、职业技能培训推荐、就业市场分析等内容，帮助学生了解就业形势和趋势，为他们的职业发展提供指导和参考。

3.宣讲会和招聘活动

为了让学生有机会与用人单位进行面对面的交流和了解，学校可以组织宣讲会和招聘活动。宣讲会可以邀请知名企业的代表来校，向学生介绍企业文化、岗位需求和发展前景，同时也可以提供一些求职指导和经验分享。招聘活动可以邀请一些用人单位来校进行现场招聘，为学生提供实际的就业机会。这些活动为学生和企业之间建立了更直接的联系，为毕业生的就业提供了更多的机会和选择。

（二）就业指导与辅导

1.职业规划咨询

产业学院可以提供个性化的职业规划咨询服务，帮助学生明确自己的职业目标并制订实现计划。通过与学生进行深入的交流和了解，学院的职业规划专家可以帮助学生评估自身的兴趣、能力和价值观，对接行业需求与个人发展，为学生提供具体的职业发展建议和路径规划。

2.简历撰写指导

产业学院可以提供简历撰写指导，帮助学生编写规范、清晰、突出个人特点的简历。学院可以教授学生如何突出自己的学术成果、实习经历和技能，以及如何精练表达自己的优势和潜力。同时，学院还可以提供针对不同行业和职位的简历模板和范例，帮助学生更好地了解行业的需求和要求。

3.面试培训

产业学院可以开展面试技巧培训，包括如何准备面试、如何回答面试问题，学院可以通过模拟面试、面试题库和面试技巧讲解等方式，帮助学生提升面试表现的能力和自信心。此外，学院还可以邀请行业专家或企业代表进行面试指导，让学生更好地了解行业的面试流程和评价标准，提高面试成功的机会。

4.职业素养培养

产业学院可以开设职业素养课程，培养学生的职业道德、沟通能力、团队合作等综合素质。通过讲授职业伦理、职业道德、沟通技巧、人际关系管理等方面的知识，学院可以帮助学生建立正确的职业价值观和行为准则，提高他们在工作场所中的适应能力和竞争力。此外，学院还可以组织团队项目和实践活动，培养学生的团队协作能力和领导能力。

三、校企合作项目的开展与推进

（一）需求对接与合作洽谈

产业学院可以通过以下方式主动与相关企业进行联系和洽谈，了解他们的合作需求和意向，并根据学院的专业特长和资源优势，提出相应的合作方案。

1.建立产学研合作团队

学院可以组建产学研合作团队，由教师和相关专业人员组成，负责与企业进行联系和洽谈。团队成员应具备丰富的产业经验和市场洞察力，能够深入理解企业的需求，并提供专业的解决方案。

2.企业调研与需求分析

团队可以开展企业调研活动，走访企业并与企业负责人进行面对面交流。通过调研，团队可以全面了解企业的发展现状、行业竞争态势以及合作需求，为后续的合作方案制定提供依据。

3.产业资源整合与定位

根据学院的专业特长和资源优势，团队可以将学院的实际情况与企业需求进行对比分析，并确定学院在产业链中的定位和发展方向。通过整合学院内外资源，团队可以提出符合企业需求的合作方案。

4.合作方案提出与落地

根据对企业需求的深入理解，团队可以制定具体的合作方案。合作方案应包括合作内容、合作方式、资源投入、效益评估等要素，并与企业进行充分沟通和讨论，确保方案的可行性和实施效果。

通过以上的需求对接与合作洽谈措施，产业学院能够主动了解企业的合作需求，为其提供符合实际情况的合作方案。这将促进学院与企业之间的紧密合作，推动双方共同发展。

（二）实习实训基地建设

与企业合作建立实习实训基地，为学生提供真实的工作环境和实践机会。学院可以与多家企业签订合作协议，共同建设实习实训基地，并制定详细的合作管理规范。

1.与企业协商合作意向

学院可以与有意愿提供实习实训机会的企业进行协商，了解其合作意向和条件。通过充分沟通，确定双方的合作意向，并达成共识。

2.签署合作协议

学院与企业可以签署详细的合作协议，明确双方的权责、合作内容、资源投入等要素。协议应包括实习实训基地的规模、设施要求、使用期限等具体条款，确保双方权益和合作顺利进行。

3.基地建设与管理

学院按照合作协议的要求，与企业共同建设实习实训基地。基地的建设包括场地布置、设备采购、安全管理等方面，学院需要根据实际情况制订详细的基地建设计划，并按计划执行。

4.实习实训管理规范

学院与企业共同制定详细的实习实训管理规范，包括学生招募与选拔、实习实训计划、师资培养、实习报告评定等方面的内容。规范的制定应充分考虑实习实训的专业特点和学生的发展需求。

通过以上的实习实训基地建设措施，学院能够与企业共同提供学生真实的工作环境和实践机会。这将有助于学生的职业素养和实践能力的培养，提高他们在就业市场中的竞争力。

（三）项目研究与合作

学院可以与企业合作开展科研项目或技术创新项目，共同解决行业中的实际问题，推动产学研结合。合作项目可以涵盖技术开发、产品改进、工艺优化等方面。

1.项目需求对接

学院可以与企业整合学院内外的研究资源，组建专业的研究团队。团队成员应包括学院的教师和相关专业人员，他们应具备科研经验和技术实力，能够提供有力支持项目的需求对接和技术支持。

2.项目合作协议签署

学院与企业可以签署详细的项目合作协议，明确双方的权责、合作目标、资源投入等要素。协议应包括项目的研究内容、时间计划、成果分享等具体条款，确保双方在项目合作中的权益和利益。

3.项目执行与管理

学院与企业共同制订详细的项目执行计划，并按照计划进行项目的实施。项目执行过程中，学院应加强对项目的管理和监督，确保项目按时完成，并达到预期的研究目标。

4.成果转化与推广

学院与企业合作的项目应以产业化和商业化为目标，将研究成果转化为实际的产品或技术。学院可以与企业合作进行技术推广和市场拓展，将项目成果应用到实际生产中，为企业创造经济效益。

通过以上的项目研究与合作措施，学院能够与企业共同解决行业中的实际问题，推动产学研结合。这不仅能够提升学院的科研能力和技术实力，还能够为企业提供专业的技术支持和解决方案，促进产业的创新和发展。

（四）校企交流与合作平台搭建

学院可以建立校企交流与合作平台，为校内外的企业、学生和教师搭建交流合作的桥梁。平台可以提供信息发布、招聘服务、项目对接等功能，促进校企之间的深度合作。

1.平台建设与运营

学院可以利用现有的信息技术和网络资源，建立校企交流与合作平台。平台应具备良好的用户界面和功能设计，方便用户进行信息发布、招聘和项目对接等操作。学院可以专门组织一支团队负责平台的建设和运营，确保平台的稳定性和安全性。

2.信息发布与共享

平台可以提供企业和学院的信息发布服务，包括企业介绍、项目需求、招聘信息等。同时，平台还可以提供学院内外的研究成果和技术资讯的共享，促进校企之间的知识交流和技术合作。

3.招聘与就业服务

平台可以提供企业招聘和学生就业的服务，帮助企业与学生进行岗位匹配和招聘洽谈。学院可以利用平台的资源，为学生提供就业指导和职业规划的支持，提高他们的就业竞争力。

4.项目对接与合作推进

平台可以提供项目对接的功能，帮助企业和学院之间寻找合作机会和合作伙伴。学院可以通过平台发布自己的科研项目和技术需求，并邀请企业进行合作，促进产学研结合。

通过以上的校企交流与合作平台搭建措施，学院能够搭建起一个便捷和高效的校企交流平台，为校内外的企业、学生和教师提供交流合作的机会。这将促进校企之间的深度合作，推动产学研结合的发展，为学生的就业和企业的创新提供有力支持。

四、人才供需对接平台的建设与管理

（一）平台建设

1.技术支持

为了确保平台的稳定运行和功能完善，学院需要确定适合的技术平台，并寻求专业的技术支持。首先，学院需要评估不同技术平台的优劣势，选择最适合产业学院需求的平台。例如，考虑到平台的规模和复杂性，学院可能会选择使用云计算和分布式架构来保证平台的高可用性和扩展性。其次，学院需要与专业的技术团队合作，他们能够提供系统开发、维护和更新的支持，以确保技术的稳定性和安全性。在与技术团队合作的过程中，学院还可以根据用户需求进行功能定制和持续的技术改进。

2.数据整合

为了为平台提供充分的资源，学院需要整合学院内部的就业、招聘、实习等相关数据。通过数据整合，学院可以为用户提供准确、全面的信息服务。例如，学院可以整合学生的就业意向、企业的招聘需求、校方的职业指导资源等。在数据整合的过程中，学院需要考虑数据的格式、存储和处理方式，以确保数据的规范性和一致性。同时，学院也需要确保数据的安全性和隐私保护，采取合适的加密和权限管理措施。

3.用户体验设计

为了使平台易于使用和导航，学院需要根据用户需求进行用户体验设计。

首先，学院可以通过市场调研和用户反馈来了解用户的需求和偏好。例如，学院可以进行问卷调查、焦点小组讨论等方式来收集用户的意见和建议。其次，学院需要设计友好的界面和功能，使用户能够方便地浏览信息、搜索职位、提交简历等。在设计过程中，学院还应该考虑不同用户群体的特点和习惯，为他们提供个性化的服务和推荐功能。最后，学院还需要进行用户测试和迭代优化，不断改进平台的用户体验。

（二）平台管理

1.运营团队

为了确保平台的日常运营和维护工作，学院需要组建专门的运营团队。这个团队可以由拥有相关经验和技能的人员组成，包括信息发布、用户咨询、问题解答等工作。他们需要及时处理用户的需求和问题，并提供专业的指导和帮助。此外，运营团队还需要与其他部门合作，共同推进平台的发展和服务拓展。

2.数据管理

为了保证数据的安全可靠，产业学院需要建立完善的数据管理机制。首先，学院需要确保数据的完整性和准确性，采取合适的数据存储和备份策略，定期进行数据备份和更新。其次，学院还需要采取安全措施来保护数据的隐私和机密性。例如，学院可以使用加密技术和访问权限控制来限制敏感数据的访问。在数据管理的过程中，学院还需要遵守相关的法律和法规，确保数据的合法性和合规性。

3.反馈与改进

为了提升平台的用户体验和服务质量，学院需要及时收集用户的反馈。在改进过程中，学院要根据用户的反馈和需求进行优先级排序，并制定内合作伙伴的合作，可以帮助产业学院整合更多的资源和专业知识，提供更丰富的服务内容。与校外合作伙伴的合作，可以拓展平台的影响力和用户基础，为用户提供更多的就业机会和发展路径。与合作伙伴强对平台内容的监管，及时发现和处理违规行为，维护平台的正常秩序和良好形象。在审核与监管工作中，产业学院需要遵循相关的规则和标准，确保公平公正、透明开放的原则。

第十章　高等职业院校产业学院的创新创业教育

第一节　产业学院的创新创业教育理念与目标

一、创新创业教育的重要性与意义

（一）促进学生创新思维能力的培养

创新创业教育在培养学生创新思维能力方面扮演着重要角色。它通过提供一系列的教育活动和资源，激发学生的创造力和创新潜能，让他们具备解决问题、提出新观点和寻找创新机会的能力。

首先，创新创业教育注重培养学生的创新精神。学校可以组织创新竞赛、创意设计课程等活动，鼓励学生勇于尝试和突破传统思维的局限。同时，教师也需要扮演启发者和引导者的角色，通过启发性的教学方法，激发学生的创新思维并提供相应的指导。

其次，创新创业教育注重培养学生的创造力。学生在实践中通过创新创业项目，可以锻炼自己的创造力。学校可以建立创新实验室、创客空间等创新创业平台，提供必要的设备和资源，让学生能够自由地进行实践和创新实验。此外，学校还可以邀请成功创业者或企业家来校进行经验分享，激发学生的创新灵感和热情。

再次，创新创业教育注重培养学生的问题解决能力。学校可以组织问题解决式学习活动，引导学生分析和解决真实的问题。这样的活动能够让学生从理论中抽象出具体问题，并通过应用所学知识和技能解决问题，培养他们的问题解决能力和创新思维。

最后，创新创业教育还注重培养学生的团队合作能力。创新创业往往需要多学科、多领域的综合合作。学校可以组织跨学科的团队项目，让学生在团队中学习合作、分享和互相影响的能力。这样的团队项目可以培养学生的创新意识和团队协作能力，激发他们对于创新创业的兴趣和热情。

（二）培养学生创业意识与能力

创新创业教育在培养学生创业意识和创业能力方面发挥着重要作用。通过传授创业知识和技能，引导学生了解创业的风险和机遇，激发他们创办企业的勇气和决心。

首先，创新创业教育注重传授创业知识和技能。学校可以开设创业管理、市场营销、商业模式设计等课程，为学生提供专业的创业知识和技能培训。同时，学校还可以邀请成功的创业者或相关领域的专家来进行创业经验分享和指导，帮助学生了解创业的实际操作和管理要点。

其次，创新创业教育注重引导学生了解创业的风险和机遇。学校可以组织创业沙盘模拟、创业案例分析等活动，让学生通过模拟实践和实际案例了解创业过程中的挑战和机遇。这样的活动可以帮助学生树立正确的创业观念，增强他们应对风险和挫折的能力。

另外，创新创业教育注重激发学生的创办企业意愿和决心。学校可以开展创业讲座、创业比赛等活动，让学生接触到成功的创业案例，激发他们对创业的兴趣和热情。同时，学校还可以提供创业孵化平台和资金支持，帮助有创业意愿的学生实现创业梦想。

最后，创新创业教育注重培养学生的创业能力。在课程设置中，学校可以注重培养学生的创新思维、项目管理能力、市场分析能力等。此外，学校还可以组织创业实践项目，让学生在真实的创业环境中锻炼自己的创业能力，提升其创业成功的可能性。

（三）促进产学研结合与技术创新

创新创业教育在促进产学研结合和技术创新方面发挥着关键作用。通过校企合作、科研项目等方式，学生可以接触到实际的产业环境和科研实践，了解行业发展需求和技术瓶颈，从而促进产学研结合和技术创新的发展。

首先，创新创业教育注重校企合作。学校可以与相关企业建立密切的合作关系，共同开展创新创业项目，提供学生与企业互动的机会。通过这种合作，学生可以深入了解实际的产业需求和市场情况，将所学知识和技能应用于实际生产中，推动产学研结合。

其次，创新创业教育注重科研项目的开展。学校可以组织学生参与科研项目，例如国家级、省级科研项目等。通过这些科研项目，学生可以与科研机构合作，参与实际的科研工作，了解科研的方法和流程。这样的科研项目不仅能够培养学生的科研能力，还能够促进技术创新和产业发展。

再次，创新创业教育注重为学生提供创新创业资源和平台。学校可以建立创新创业中心、孵化基地等平台，提供创新创业所需的设备、资金和咨询服务。这样的平台可以为学生提供更好的创新创业环境，帮助他们将创新成果转化为具体的产品和服务，推动产业的创新与发展。

二、创新创业教育的目标与要求

（一）创新创业教育的目标

1.培养学生的创新思维和创新能力

通过创新创业教育，培养学生具备敢于挑战传统思维、勇于尝试新方法和解决问题的能力，激发他们的创新潜能。

2.培养学生的创业意识和创业能力

培养学生具备创业意识，了解创业过程和创新创业管理知识，掌握市场分析、商业策划、团队合作等创业所需的技能，从而提升学生的创业能力。

3.促进产学研结合和科技创新

培养学生具备将理论知识和科技成果应用于实际创业项目的能力，促进学校与企业、研究机构等实现紧密合作，推动科技创新与产业发展相结合。

4.提高学生的综合素质和就业竞争力

通过创新创业教育，提高学生的创新创业素质、职业素养和综合能力，增强他们在就业市场中的竞争力，为未来的职业发展打下坚实基础。

（二）创新创业教育的要求

1.高质量的师资力量

学校要配备一支具有实践经验和专业知识的创新创业导师团队，能够为学生提供专业的指导和支持。

2.多样化的教育形式

创新创业教育应采用多种形式，如课堂教学、实践活动、项目实训等，使学生能够全面接触和了解创新创业的过程和要素。

3.实践与理论相结合

创新创业教育要注重理论与实践相结合，通过实际案例分析、企业参观、创业实践等方式，让学生在实践中学习和应用创新创业知识。

4.注重创新思维培养

学校应注重培养学生的创新思维，激发学生的创造力和创新潜能，帮助他们从传统思维中解放出来，敢于挑战和尝试。

5.提供必要的资源支持

学校要建立创新创业平台，提供必要的资源支持，包括资金支持、项目孵化、创业导师等，为学生的创新创业实践提供有力支持。

6.强化创新创业文化建设

学校要倡导创新创业文化，营造浓厚的创新创业氛围，激发学生的创新创业热情和动力，让创新创业成为学生普遍关注和积极参与的活动。

三、创新创业文化的培育与建设

（一）营造鼓励创新创业的环境氛围

学院可以组织各类创新创业活动，如创新创业大赛、创客空间建设等，为学生提供展示才华和实践创业的平台。创新创业大赛可以是学院内部的比赛，也可以与其他学校或企业共同合作举办。创客空间的建设可以提供学生自由开展项目研发和创业实践的场所，配备各类创新创业资源和设备。

（二）完善创新创业教育体系

学院应从课程设置、师资队伍建设、实践平台建设等方面进行改革和完善，形成有机的创新创业教育体系。在课程设置方面，可以增设创新创业相关的核心课程，如创新思维与方法论、市场分析与商业模式设计等，以及实践课程，如创业项目培育、创业模拟实训、企业孵化与合作、创业辅导与指导等。

师资队伍建设方面，学院可以引进具有丰富创业经验和专业知识的导师，他们将为学生提供创新创业方面的指导和支持。同时，学院也应加强教师的培训和交流活动，提升教师的创新创业教育能力和水平。

实践平台建设方面，学院可以建设创新创业实验室和场地，提供学生进行项目策划、产品研发、市场推广等活动所需的设施和资源。此外，学院还可以与企业、产业园区等合作，建设创新创业实践基地，为学生提供创新创业的实践平台。

（三）加强创新创业教师队伍建设

学院可以组织创新创业教师培训和交流活动，提升教师的创新创业教育能力和水平。培训内容可以包括创新创业理论知识、创新创业教学方法与工具的应用等。通过培训和交流，可以促进教师之间的经验分享和合作，提高整个教师队伍的创新创业教育水平。

（四）加强校企合作与资源整合

学院可以与企业合作开展创新创业项目，共享教育资源和产业资源，促进产学研结合和技术创新。校企合作可以通过合作研究项目、实践基地建设、专家指导等形式进行。通过与企业的合作，学院可以为学生提供更多实践机会和资源支持，帮助他们深入了解行业需求和市场动态。同时，学院也可以借助企业的资源和平台，提供实习就业机会，增加学生的就业竞争力。

第二节　产业学院的创新创业课程设置

一、创新创业核心课程的设计与实施

（一）创新思维与方法论

该课程旨在培养学生具备开拓创新思维、解决问题的能力，并引导他们探索创新的方法和途径。学生将通过这门课程，学习到创新思维的基本原理、培养方法以及创新思维在实际应用中的案例分析等内容。

在创新思维课程中，学生将了解到创新思维对于创业成功的重要性。这包括如何打破传统思维模式，培养敏锐的洞察力，以及如何跳出常规思维框架进行创新。通过理论学习和实践案例分析，在课堂上进行头脑风暴和团队合作，学生可以培养出勇于挑战和尝试新事物的创新精神。同时，课程也会引导学生运用创新思维提出创新的商业模式或产品设计，通过个人或团队的努力实现创新创业的目标。

（二）市场分析与商业模式设计

学生将学习市场分析的基本方法和工具，了解市场研究对于商业决策的重要性，并掌握如何根据市场需求设计创新的商业模式。

在市场分析方面，学生将学习到市场调研的方法和技巧，包括数据收集、问卷设计、访谈调研等。通过市场调研，学生可以了解市场需求的特点、趋势以及潜在的商机。此外，课程还将教授竞争对手分析的方法，帮助学生了解市场上的竞争格局和竞争对手的优势劣势，从而制定有效的市场定位策略。

商业模式设计是课程的另一个重点内容。学生将学习到商业模式设计的基本原则和方法，包括价值主张、客户细分、收入来源、资源配置等方面。通过案例分析和实践项目，学生可以运用所学知识，设计出符合市场需求和创新特点的商业模式，从而为创新创业项目提供具体的落地方案。

二、创新创业实践课程的开设与管理

（一）创业项目培育

创业项目培育是产业学院创新创业课程设置中的一门重要实践课程。该课程旨在引导学生将创新创业的理论知识应用到实际项目中。通过课程的学习和指导，学生将有机会参与到真实的创业项目中，从而深入了解创业的各个环节和具体操作。课程内容包括项目策划、商业计划书撰写、团队协作与管理等方面的内容。通过实际操作和实践经验的积累，学生可以全面提高自己的创业能力和实践能力。

（二）创业模拟实训

创业模拟实训是另一门重要的实践课程。课程通过模拟真实的创业环境和场景，让学生在虚拟的情境中体验创业过程，并在其中进行决策和操作。学生可以扮演创业者的角色，面对各种商业挑战和决策，从而提高自己的创业能力和应对能力。这门课程可以通过创业模拟软件、模拟商场或者创业实验室等方式进行，将学生置身于真实的创业环境中，并通过实践来加深对创业知识和技能的理解和掌握。

（三）企业孵化与合作

产业学院还设有与企业孵化和合作相关的实践课程。该课程旨在引导学生与企业合作，共同培养和发展创新创业项目。学生可以与企业进行实地考察、参与企业项目，了解企业的运营和管理，提升自己的实践能力和创新思维。同时，学生还可以与企业进行合作创业，借助企业的资源和支持，更好地推进自己的创业项目。通过与企业的合作，学生可以获得实际操作的机会，了解市场需求和企业运作的实际情况，并在其中不断完善自己的创业项目。

（四）创业辅导与指导

创业辅导与指导是创新创业课程设置中的另一个重要环节。学生可以通过与创业导师的互动和指导，获取专业的创新创业知识和经验。导师团队由产业界的成功创业者、投资人或专业的创新创业教育从业者组成，他们可以为学生提供创业项目的评估、商业计划书的指导以及创业过程中的问题解决方案等方面的支持。通过与导师的互动，学生可以提高自己的创业能力和实践经验，并获得专业的指导和帮助。

三、创新创业教学资源的开发与利用

（一）创新创业实验室和场地建设

产业学院非常注重为学生提供实践和实验的场所，为此将建设创新创业实验室和创新创业场地。创新创业实验室将配备先进的创新创业设备和工具，以满足学生在创业项目中进行实验和测试的需求。这些设备和工具包括但不限于高性能计算机、3D打印机、原型制作设备等。实验室还将提供必要的软件和平台，支持学生进行商业模拟、市场调研等相关活动。同时，实验室将配备专业的技术支持团队，帮助学生解决技术问题，保证实验室设备的正常运行。

创新创业场地将提供创业团队办公空间和交流合作的环境。学生可以在这里共享资源、互相交流，从而形成良好的创新创业氛围。创业场地不仅提供舒适的工作环境，还将配备会议室、讨论区域、休息区等设施，以满足学生的不同需求。同时，学院将积极引入孵化器等创新创业服务机构，为学生提供更完善的创新创业支持。

（二）创业导师资源的建设

为了支持学生的创新创业教育和实践，产业学院致力于建设丰富多样的创业导师资源。学院将与各行业的专业人士、企业家、投资人等建立合作关系，形成强大的导师团队。这些导师团队由经验丰富、成功创业的人士组成，他们将分享自己在创新创业过程中的经验和教训，为学生提供指导和支持。

学生可以通过与导师进行面对面的交流、项目评审和指导，获得宝贵的经验和建议。导师们将帮助学生分析项目可行性、提供商业计划书的指导，并就市场营销、团队管理、资金筹集等方面提供专业的建议。此外，学院还将组织创业导师与学生进行定期的沟通和交流活动，以促进双方的互动和合作。

（三）创新创业实践基地的建设

为了提供更好的实践环境和资源支持，产业学院将与企业、产业园区等合作，建设创新创业实践基地。这些基地将为学生提供创新创业的实践平台，包括办公场所、设备和资源支持。

学生可以在实践基地中开展项目策划、产品研发、市场推广等活动，获得真实的商业运作和项目管理经验。基地将与企业合作，为学生提供商业资源、市场渠道等支持，帮助学生更好地推进自己的创业项目。同时，学院将组织专业的讲座、行业交流会等活动，邀请企业家和行业专家与学生交流经验，激发学生的创新创业潜能。

（四）创新创业教材与课件的编写与分享

产业学院将积极推动创新创业教学资源的开发与共享。学院将组织教师团队编写和整理创新创业教材与课件，包括案例分析、创业工具和模板等内容，为师生提供参考和使用。

创新创业教材将囊括前沿的创新创业理论、成功案例、商业模式、风险管理等方面的内容，旨在培养学生的创新思维和商业意识。课件将包括实际案例、图表、数据等，帮助学生理解和应用创新创业知识。同时，学院也鼓励教师与行业专家合作，将实际案例和经验纳入教学内容，提供丰富的实践教学资源。

产业学院将通过互联网和在线教育平台等方式，推广和分享这些教材和课件。学院希望能够通过开放共享的方式，让更多的学校、学生和创业者受益，并为创新创业教育的发展做出贡献。

第三节　产业学院的创新创业实践与支持措施

一、创新创业项目孵化与支持

（一）创新创业项目培育计划

学院可以设立创新创业项目培育计划，旨在为有创业想法和项目的学生提供全方位的支持和培育。该计划的目标是帮助学生将创意转化为实际的商业项目，并提供资金、导师指导、场地等资源支持。

首先，通过评审和筛选过程，学院将从众多申请中选择优秀的创业项目，并向其提供孵化资助。这些资金将用于项目的初期研发、市场调研、产品测试等费用支出，以帮助团队迅速推进项目的发展。

其次，学院还会为创业团队配备导师，他们可以是成功创业者或相关领域的专家。导师将提供个性化的创业指导和咨询服务，分享自己的经验和教训，帮助学生解决问题，规避风险，推动创业项目的顺利发展。导师还可以提供行业洞察和创业建议，帮助学生制订切实可行的商业计划书，确保项目的可行性和竞争力。

再次，学院还将与当地政府、企业和投资机构建立合作关系，整合各类创业资源。这些资源包括资金、场地、技术支持、市场渠道等。通过与外部机构的合作，学院可以为学生创业团队提供更全面的资源支持和便利条件，提高他们的创业成功率。

最后，学院还将定期举办创业讲座、创业分享会、创业沙龙等活动。这些活动将邀请成功创业者、投资人或行业专家进行经验分享和教育培训。通过听取成功创业者的故事和经验，学生可以从中汲取灵感和启发，并学习到实际操作中的技巧和方法。此外，这些活动也为学生提供了与行业精英进行交流和合作的机会，拓宽他们的人脉圈子，为未来的创业项目奠定坚实的基础。

（二）创业导师制度

学院可以邀请成功创业者或相关领域的专家担任创业导师，为学生提供个性化的创业指导和咨询服务。创业导师在学生创业过程中扮演着重要的角色，可以帮助他们规划创业路径、解决问题、提供行业洞察和创业建议。

首先，创业导师可以分享自己的创业经验和教训。他们可以讲述自己的创业历程，分享成功的经验和失败的教训，帮助学生了解创业过程中可能遇到的问题和困难，引导他们做出明智的决策和选择。

其次，创业导师可以提供个性化的创业指导。每个学生创业团队都会面临不同的挑战和问题，创业导师可以根据团队的具体情况，提供针对性的建议和解决方案。他们可以帮助团队进行市场调研和竞争分析，制订切实可行的商业计划，并提供营销、运营、人力资源等方面的专业指导。

再次，创业导师还可以为学生提供行业洞察和创业建议。他们了解当前行业发展的趋势和机会，可以帮助学生把握市场动态，找到适合自己项目发展的方向。创业导师还可以就团队的商业模式、产品定位、市场营销等方面提供专业建议，帮助学生制定切实可行的发展策略。

（三）创业资源整合与对接

学院可以与当地政府、企业和投资机构建立合作关系，整合各类创业资源，包括资金、场地、技术支持、市场渠道等。通过整合这些资源，学院可以为学生创业团队提供更全面的支持和便利条件，提高他们的创业成功率。

首先，学院可以与政府合作，争取创业扶持政策和资金支持。政府在促进创新创业方面有一系列的政策和扶持措施，学院可以积极申请相关资金和项目支持，为学生创业团队提供初创期所需的资金支持。

其次，学院可以与企业合作，实现创业资源的共享和对接。学院可以与一些有实力和资源的企业建立合作关系，通过合作伙伴关系，为学生创业团队提供场地、设备和技术支持等资源。企业可以提供办公场所或实验室，为学生提供舒适和便利的工作环境；同时，企业还可以共享其技术和专业知识，为学生的创业项目提供技术支持和指导。

再次，学院还可以与投资机构合作，为学生创业团队提供资金支持和投资对接服务。投资机构可以通过与学院合作，了解学生的创业项目，并根据项目的潜力和市场前景进行评估和投资。学院可以帮助学生准备项目方案和商业计划书，并推荐他们与合适的投资机构进行对接，帮助他们筹集到所需的资金。

（四）创业讲座和活动

学院可以定期举办创业讲座、创业分享会、创业沙龙等活动，以激发学生的创新创业意识，增加他们对创业的了解，并提供与行业精英进行交流和合作的机会。

首先，学院可以邀请成功创业者、投资人或行业专家来校园进行创业讲座。这些成功人士可以分享自己的创业故事和经验，从实际操作中传授学生创业的技巧和方法。他们可以讲述自己的成功和失败经历，帮助学生理解创业的挑战和机遇，并鼓励他们勇于尝试和创新。

其次，学院可以组织创业分享会和创业沙龙。这些活动可以邀请一些已经创业的学生或校友来分享他们的创业经验和心得。通过听取校友的创业故事，学生可以更直观地了解创业的过程和所需的准备工作，同时还可以与他们建立联系，共同探讨创业的话题，互相加深理解和合作。

再次，学院还可以组织一些创业竞赛和创业活动，为有创业想法的学生提供一个展示和交流的平台。这些活动可以为学生提供实践锻炼的机会，帮助他们学习如何制订商业计划、进行市场调研、进行团队管理等方面的技能，并为优秀的创业项目提供奖励和支持。

二、创业实践基地与资源支持

（一）创业孵化中心

学院可以建立创业孵化中心，提供办公场地、共享设施以及管理支持等资源，为学生的创业团队提供良好的工作环境和配套服务。

创业孵化中心是指为创业团队提供创新孵化服务的机构，旨在帮助初创企业从创意到成长，为其提供必要的培育和孵化环境。学院可以利用自身的资源和优势，建立创业孵化中心，以支持学生的创业实践和创新创业能力的培养。

首先，学院可以提供办公场地，为创业团队提供物理空间。这些办公场地应具备舒适、安全、便捷的特点，能够满足创业团队日常办公的需求。此外，学院还可以为团队提供共享设施，如会议室、实验室、设备等，使创业团队能够更好地进行研发、测试和生产等工作。

其次，学院可以提供管理支持，帮助创业团队解决运营管理中的问题。这包括提供专业的管理咨询、法律和知识产权等支持，帮助创业团队更好地规划和管理企业的发展。此外，学院还可以邀请行业专家、成功创业者等举办讲座和进行培训，提供实用的创业知识和经验分享，帮助创业团队快速成长。

再次，学院还可以组织各类创业活动和竞赛，为创业团队提供展示和交流的机会。这些活动可以是创业项目路演、创新创业大赛等形式，通过评审和奖励机制，激励创业团队持续努力，提高创新能力和竞争力。

通过建立创业孵化中心，学院可以积极推动创新创业教育，培养学生的创新精神和创业能力。同时，也为学生提供了一个实践和交流的平台，促进学生与企业、投资人等各方资源的对接与合作，推动区域创新创业生态的建设。

（二）科技园区合作

学院可以与当地的科技园区建立合作关系，为学生创业团队提供入驻优惠、创业指导和帮助创业项目与企业资源对接的机会。

科技园区是集中科技创新要素的区域，具有较完善的创新创业服务体系和资源环境。学院可以与当地的科技园区建立紧密的合作关系，共同推动创新创业教育和创业实践。

首先，学院可以与科技园区签订合作协议，为学生创业团队提供入驻优惠政策。这些优惠政策可以包括减免房租、创业补贴、税收优惠等，降低学生创业团队的创业成本，提高其发展的可持续性。

其次，学院可以利用科技园区的资源和平台，为学生创业团队提供创业指导和支持。科技园区通常拥有丰富的创业资源，如创业导师、投资机构、企业合作伙伴等，可以通过这些资源为学生创业团队提供专业的导师指导和项目对接服务。同时，学院还可以组织创业讲座、创业培训等活动，提高学生的创新创业能力。

再次，学院可以协助学生创业团队与科技园区内的企业资源进行对接。科技园区通常有大量的高科技企业和产业链企业入驻，学院可以协调学生创业团队与这些企业进行合作，促进技术转移和创新成果的转化。

通过与科技园区的合作，学院可以充分利用外部资源，丰富学生的创新创业实践经验。同时，也能够将学生创业团队与企业、投资人等创业生态圈内的资源有效衔接，提升其市场竞争力和可持续发展能力。

（三）创投机构合作

学院可以与风险投资机构、天使投资人、创业加速器等建立合作关系，为学生创业团队提供融资渠道和投资机会。通过对接创投资源，帮助创业团队快速进行资本运作和扩大规模。

学院可以与风险投资机构、天使投资人、创业加速器等创投机构建立长期合作关系。这些创投机构通常具有丰富的行业经验和投资资源，可以为学生创业团队提供资金支持、专业指导和行业网络等。

首先，学院可以鼓励学生创业团队积极参与创业竞赛、创业路演等活动，向创投机构展示项目潜力和价值。通过这些渠道，学生创业团队可以吸引创投机构的注意，获得更多的投资机会。

其次，学院可以组织创投论坛、项目路演等活动，为学生创业团队和创投机构搭建交流平台。通过这些活动，学生创业团队可以与创投机构面对面地交流，了解创投机构的投资偏好和要求，增加双方的合作机会。

再次，学院可以邀请创投机构的代表来校园举办讲座和分享，向学生介绍创投的基本知识、投资流程和评估标准等。通过这些讲座和分享，学生可以更好地了解创投行业，提升与创投机构的合作能力。

最后，学院可以为学生创业团队提供项目介绍和推荐服务。学院可以根据创业团队的需求和发展阶段，向合适的创投机构推荐项目，并协助双方进行对接和沟通。同时，学院还可以向学生创业团队提供融资申请指导和支持，帮助他们完善商业计划书、财务预测和资金需求等，提高获得投资的机会。

通过与创投机构的合作，学院可以为学生创业团队架起与投资人的桥梁，促进创业团队的融资和发展。同时，也能够提高学生对于创投市场的认知和理解，为他们今后的创业之路打下坚实的基础。

（四）创业资源库建设

学院可以建立创业资源库，整理和归纳相关的创业政策、市场调研报告、行业分析等信息，为学生提供便捷的创业资讯和知识支持。同时，还可以建立创业导航平台，集成各类创业资源和服务，为学生提供一站式的创业支持。

创业资源库是指将各种与创业相关的信息整理、分类、归档，为创业者提供便捷的资源查询和获取渠道。学院可以利用自身的优势和力量，建立创业资源库，并将其与创业导航平台相结合，为学生提供全方位的创业支持。

首先，学院可以收集和整理国内外的创业政策和法规，为学生提供创业的政策指引和依据。创业政策通常包括税收政策、创业补贴、知识产权保护等方面的内容，学院可以将这些政策进行梳理和汇总，为学生提供准确和及时的政策信息。

其次，学院可以进行市场调研和行业分析，为学生提供相关行业的市场环境和趋势分析。还包括对行业发展趋势、竞争格局、市场规模和需求等方面的研究，为学生的创业项目提供有针对性的市场定位和战略指导。

再次，学院可以整理和归纳创业教育和创业实践的案例和经验。这包括成功的创业项目案例、失败的创业经验教训等，为学生提供借鉴和学习的机会。同时，学院还可以邀请成功的创业者、投资人等来校园进行分享和交流，为学生提供实践经验和启示。

通过建立创业资源库和创业导航平台，学院能够为学生提供便捷的创业资讯和知识支持。学生可以通过平台查询和获取各类创业资源，了解市场动态和政策变化，提升自身的创业能力和竞争力。

三、创新创业竞赛与实践活动

（一）创新创业大赛

创新创业大赛是学院组织的重要活动之一，旨在鼓励学生团队提出创新创业项目，并通过评审和决赛环节选拔出优秀的创业团队。该活动不仅提供奖金和奖品，还为获奖团队提供创业支持和资源，如投资机会、孵化器入驻等。

首先，在创新创业大赛的初赛环节，学生团队需提交完整的创业项目计划书，包括市场分析、商业模式设计、产品研发等内容。评委将根据项目的创新性、可行性、市场潜力等指标对项目进行评审，并选出初赛的入围团队。

接着，入围团队将参加决赛环节，展示他们的项目创意和商业计划。决赛中，团队需要进行现场演讲，并回答评委的提问。评委将根据项目的商业模式、市场前景、团队实力等方面进行综合评判，最终选出获奖团队。

除了奖金和奖品，获奖团队还可以获得创业支持和资源。学院可以与投资机构、孵化器、创业导师等建立合作关系，为获奖团队提供投资对接、入驻孵化器等机会。这些创业支持和资源将帮助获奖团队进一步发展项目，推动其落地和实施。

创新创业大赛的举办可以激发学生的创新思维和创业意识，培养他们的团队合作能力和实践能力。通过参与大赛，学生可以将所学知识应用于实际创业项目中，并从评委的反馈和交流中不断改进和完善自己的创业方案。此外，创新创业大赛还为学生提供了与行业专家、投资人、成功创业者等进行交流和合作的机会，拓宽了学生的人脉和资源。

（二）创业实践活动

创业实践活动是学院组织的一系列与实际创业相关的活动，旨在为学生提供与创业实践密切相关的机会和平台。这些活动可以包括企业参观、创业导师讲座、创业沙龙、创业训练营等，通过参与这些活动，学生可以了解创业的全过程，学习创业的技巧和经验，并与成功创业者进行交流互动。

首先，学院可以组织企业参观活动，邀请学生到一些成功的创业企业进行参观和学习。在企业参观中，学生可以亲身感受到企业的运作模式和创业文化，了解企业的发展历程和成功经验。通过与企业内部人员的交流和互动，学生可以深入了解创业领域的各个方面，激发创新创业的灵感和想法。

其次，学院可以邀请一些创业导师来校园举办讲座和指导。创业导师可以是成功的创业者、行业专家或投资人，他们可以分享自己的创业经验和故事，讲解创业的方法和技巧，为学生提供宝贵的指导和建议。学生可以通过听取讲座，与导师进行交流，了解创业的实际操作和行业动态，引导他们在创业道路上走得更稳更远。

再次，学院还可以组织创业沙龙和创业训练营等活动。创业沙龙是一个开放的平台，供学生交流创业思想、分享项目经验和寻求合作机会。创业训练营则是一个系统性的培训活动，提供创业知识、技能和工具的培训，帮助学生全面掌握创业所需的能力和素质。这些活动将为学生提供实践锻炼的机会，加强他们的团队合作能力和创新创业意识。

（三）创新创业实训课程

为了帮助学生全面掌握创新创业的基本要素，学院可以开设创新创业实训课程。这些课程将提供系统的创新创业知识与技能培训，包括市场调研、商业模式设计、项目管理、风险评估等内容。

首先，市场调研是创新创业过程中不可或缺的一环。学生需要学习如何进行市场调研，了解市场需求、竞争情况等，从而为创业项目的定位和推广提供有力支持。通过学习市场调研的方法和技巧，学生可以了解消费者的需求和喜好，为产品的开发和营销策略提供有针对性的建议。

其次，商业模式设计是创新创业的核心之一。学生需要学习如何构建具有竞争力的商业模式，找到切实可行的盈利方式和商业运作逻辑。通过讲授实际案例和进行商业模式创新的讨论，学院可以帮助学生掌握创业项目的商业模式设计方法和技巧，培养他们的商业思维和创新能力。

再次，项目管理和风险评估也是创新创业实训课程的重要内容。学生需要学习如何有效地组织和管理创业项目，包括制订计划、分配资源、协调团队等方面。同时，风险评估是创业过程中必不可少的环节，学生需要学习如何分析和评估风险，并制定相应的风险管理策略。通过实际案例的教学和实践操作的训练，学生可以提升自己在项目管理和风险评估方面的能力。

（四）创新创业实习

为了让学生更好地了解创新创业的实际运作和市场需求，学院可以与企业合作，为学生安排创新创业实习岗位。通过实习，学生可以亲身参与企业的创新创业项目，了解企业的运作模式和市场需求，并将所学知识应用到实际工作中。

首先，创新创业实习可以让学生深入了解企业的创新文化和创业氛围。学生将有机会与企业内部人员一起工作，了解他们的工作方式和经验分享。通过与企业内部人员的交流和互动，学生可以学习到更多的创新创业思维和方法，拓展自己的视野和思路。

其次，创新创业实习可以让学生将所学知识应用到实际工作中。学生可以在实习过程中运用自己的专业知识和技能，为企业的创新创业项目提供支持和帮助。通过实际操作和解决实际问题的经历，学生可以更好地理解和掌握创新创业的实践技能，提升自己的实践能力。

再次，创新创业实习还可以帮助学生建立与企业的合作关系，为未来的创业打下基础。学生可以通过实习机会与企业建立联系和合作，了解行业动态和市场需求，并结识行业内的专业人士和成功创业者。这些人脉资源将为学生的创业之路提供有力支持和帮助。

第十一章　高等职业院校产业学院的网络教育与远程教育

第一节　产业学院的网络教育平台与资源建设

一、网络教育平台的建设与管理

（一）平台架构设计

在建设网络教育平台时，平台架构设计是非常重要的一步。通过良好的架构设计，可以提高平台的稳定性、安全性和可扩展性，为用户提供良好的学习体验。

首先，需要考虑用户界面设计。用户界面应该简洁明了，易于操作和导航。可以采用响应式设计，使得平台在不同的设备上都能够良好地展示，并提供良好的用户体验。

其次，需要进行功能模块的划分。根据教学需求，可以将平台功能划分为课程管理、学习资源管理、讨论与互动、作业与测验、评价与反馈等模块。每个模块都有清晰的职责和功能，方便教师和学生使用。

再次，数据存储也是一个重要考虑因素。平台需要设计合理的数据库结构，存储用户信息、课程内容、学习记录等数据。可以采用关系型数据库或者 No SQL 数据库，根据不同的需求选择合适的存储方案。

最后，平台的安全性也是至关重要的。在设计中要考虑用户身份验证、权限管理、数据加密以及防止恶意攻击等安全问题。可以采用多层次的安全策略，例如使用 HTTPS 协议进行数据传输、限制敏感操作的权限等，确保平台的安全性。

（二）技术选型与提高开发效率和平台的功能性能。

对于平台开发，可以选择成熟的开源框架和工具，例如 Moodle 和 Open edX。这些开源项目已经经过长时间的发展和测试，拥有丰富的功能和强大的社区支持。通过使用这些开源框架，可以快速搭建起基础的平台架构，并且可以根据需求进行定制化开发。

在开发过程中，可以采用敏捷开发的方法论。敏捷开发强调迭代、适应和持续改进，可以使开发过程更加灵活和高效。可以将开发过程划分为多个小周期，每个周期都有明确的目标和交付物，便于团队协作和问题解决。

此外，在技术选型上，还应该考虑到平台的扩展性和性能要求。合理选择后端语言、数据库以及缓存技术等，以确保平台可以支持更多的用户和更多的功能。

（三）内容管理与更新

网络教育平台的核心是课程内容，因此需要建立完善的内容管理系统，方便教师进行课程内容的更新和管理。

首先，平台应该提供便捷的课件上传和管理功能。教师可以通过平台将课件上传至平台，并对课件进行分类、标签等管理，方便学生查找和使用。

其次，平台应该支持在线编辑功能。教师可以直接在平台上进行课件的编辑和修改，无须依赖其他编辑工具。同时，还可以支持多媒体素材的添加，例如视频、音频、图片等，丰富课程内容。

为了方便教师对课程进行版本管理，平台可以提供版本控制功能。教师可以在平台上保存不同版本的课件，便于回溯和修订。

再次，平台还应该建立评价和反馈机制，收集学生对课程的意见和建议。可以设置课程评分、留言区、问答社区等功能，促进学生与教师的互动和交流，不断改进和优化课程。

二、在线课程的设计与开发

（一）课程规划与设计

在进行在线课程设计时，需要遵循教育原则和学科特点，确保课程具有良好的逻辑性、系统性和可操作性。以下是在线课程设计的一些建议和步骤：

1.需求分析

了解目标学生群体的特点、学习需求和背景知识，结合学科特点和发展趋势，确定课程目标。

2.课程大纲设计

制定详细的课程大纲，包括课程名称、学习目标、内容模块、学习资源等。大纲应该清晰明确，与学生的学习需求相匹配。

3.学习目标设定

根据大纲中的内容模块，设定每个模块的学习目标，明确学生应该达到的知识、能力和技能水平。

4.学习活动设计

根据学习目标，设计一系列有效的学习活动，包括阅读、视频观看、案例分析、讨论、实验或实践任务等。活动应该具有启发性、互动性和差异化，以促进学生的主动学习和思考能力。

5.教学方法选择

根据课程内容和学习目标，选择适合的教学方法，如讲授、案例分析、小组合作、项目研究等。教学方法应该能够激发学生的学习兴趣和积极参与，提高学习效果。

6.学习评估设置

设计合理的学习评估方法，包括作业、测验、论文、项目报告等。评估方法应与学习目标相匹配，能够全面、客观地评估学生的学习成果和能力发展。

7.反馈和调整

根据学生的学习表现和反馈意见，及时调整和改进课程设计和教学方法，以提高课程质量和学生的学习体验。

（二）教学资源的丰富化

为了提供多样化的教学资源，可以采取以下措施。

1.课件制作

根据课程内容和学习目标，制作有针对性和质量保证的课件。课件应具有良好的结构和清晰的表达，突出重点，引导学生思考和学习。

2.教学视频

制作精良的教学视频，可以用来讲解复杂概念、案例分析、实验操作等。视频应简洁明了，内容丰富，以激发学生的学习兴趣和理解能力。

3.案例分析

收集和整理相关领域的实际案例，供学生学习和分析。案例应具有代表性和实用性，能够帮助学生理解和应用理论知识。

4.实践任务

设置适合在线学习的实践任务，可以是模拟实验、实际调研、项目设计等形式。实践任务能够让学生在实际操作中运用所学知识，提升实践能力。

5.外部资源引入

利用互联网和开放教育资源，引入学术论文、行业报告、专家讲座、企业案例等外部资源，为学生提供更广阔的学习视野和深度。

（三）互动与评估机制

在线课程设计需要注重学生的互动和参与度，同时建立有效的评估机制。以下是一些建议。

1.讨论区和在线问答

设立讨论区或在线问答平台，鼓励学生提问、讨论和回答问题。教师可以及时回复学生的问题，并引导学生进行交流和思考。

2.小组合作

组织学生进行小组合作学习，鼓励他们共同解决问题、讨论课题、展示成果。小组合作可以提高学生的合作能力和团队意识。

3.即时反馈

为学生提供即时反馈机制，例如在线测验、问卷调查等。及时了解学生的学习情况和困惑，可以及时进行调整和帮助。

4.多样化的评估方法

设计多样化的学习评估方式，包括作业、测验、论文、项目报告等。评估方式应与学习目标相匹配，能够全面评价学生的学习成果和能力发展。

5.反馈与改进

根据学生的评估结果和反馈意见，对课程设计和教学方法进行及时调整和改进，以提高学习效果和学生满意度。

三、教师培训与支持措施

（一）教师培训计划

教师培训是网络教育平台实施成功的重要一环。培训计划应该全面覆盖平台的介绍和操作、在线教学方法和策略、课程设计与开发等内容，以帮助教师熟悉平台的使用和掌握有效的教学策略。

首先，可以通过线上培训课程来介绍和操作平台。这些培训课程可以包括平台的功能介绍、用户界面导航、教师管理功能等。通过演示和实践操作，教师可以迅速了解和掌握平台的各项功能。

其次，可以提供线下的培训活动，包括教师研讨会和工作坊。在这些活动中，可以组织专家进行演讲和分享，讲解在线教学的最佳实践和策略。同时，也可以邀请有经验的教师进行经验分享，让教师们相互学习和交流。

再次，可以为教师提供在线培训资源，例如视频教程、培训文档和案例分析等。这些资源可以随时随地访问，并且提供自主学习和反馈机制，帮助教师自我提升和改进教学方式。

（二）教师指导与支持

在教师使用网络教育平台过程中，需要提供及时的指导和支持，以解决教师在教学过程中遇到的问题。可以设立专门的教师服务团队，负责解答教师的疑问。建立在线咨询平台或者提供电话咨询服务，接受教师的咨询和反馈，并及时给予解答和指导。同时，也可以利用即时通信工具建立教师群组，方便教师之间的交流和互助。

另外，还可以建立教师社区，为教师提供一个共享经验和资源的平台。教师可以在社区中发布问题、分享教学经验和教学资源，从而获得更多的帮助和支持。平台管理员和其他有经验的教师可以积极参与社区，回答问题和提供建议，促进教师间的交流和学习。

（三）教学质量监控与评估

为了提高网络教育的教学质量，需要进行教学质量的监控和评估。可以制定相应的评估指标和标准，对教师的教学效果进行评估和反馈。

首先，可以利用平台提供的学习数据来进行教学质量的监控。通过分析学生的学习情况、参与度和成绩等数据，可以评估教学效果，并提出改进建议。同时，也可以通过学生的反馈和评价来了解教师的教学效果，进一步优化教学质量。

其次，可以设立网络师间的比赛和活动，鼓励教师教学能力和参与度，从而，还可以进行教师评优和晋升，提供更好的职业发展机会。可以设立网络教学奖励制度，对在在线教育中表现出色的教师给予奖励和认可。这可以包括经济奖励、荣誉称号、晋升机会等。通过激励机制，可以激发教师的积极性和创新能力，使其更加投入到在线教育中。

再次，可以建立教师交流和合作的平台，促进教师间的互相学习和支持。可以组织定期的教师研讨会、培训班或工作坊，让教师们分享经验、交流教学心得，并提供互动和合作的机会。这样可以促进教师之间的成长和自我提升，同时也增强了他们对在线教育的参与度和归属感。

第二节　产业学院的远程教育模式与技术支持

一、远程教育模式的选择与实施

（一）确定适合产业学院的远程教育模式

针对产业学院的特点和需求，可以选择以下几种远程教育模式之一：

1.同步在线教学模式

通过实时的网络视频会议工具，教师和学生进行互动式的教学。教师可以通过屏幕共享、白板演示等功能进行教学，学生可以在家中或其他地方参加课程。

2.异步在线教学模式

教师将教学内容制作为录播视频，并提供在线学习平台供学生自主学习。学生可以根据自己的时间安排和学习进度进行学习，同时可以通过在线讨论论坛与教师和其他学生进行互动交流。

3.混合式教学模式

结合线上和线下的教学形式，既有同步在线教学，又有面对面的实体教学。可以将理论知识的教学和讨论放在线上进行，而实践操作和实验可以在实体教室或实验室中完成。

（二）建立远程教育教学团队

为了顺利实施远程教育，需要组建一支专业的远程教育教学团队。这个团队可以由产业学院的教师和专门负责远程教育的工作人员组成。

教师需要具备一定的远程教育技术知识和教学经验，能够熟练运用远程教育平台和工具进行教学。同时，还需要对远程教育教学的教学设计、互动方式等方面有一定的了解和实践经验。

专门负责远程教育的工作人员可以负责远程教育平台的维护和管理，包括技术支持、系统运营等方面的工作。他们需要掌握相关的技术知识，并能够及时解决技术问题和提供技术支持。

（三）开发与调整远程教育课程

远程教育课程的开发是实施远程教育的关键环节。产业学院可以根据自身的专业特点和需求，结合市场需求和学生的就业需求，选择合适的课程内容进行开发。

在开发过程中，需要充分考虑远程教育的特点，设计适合线上学习的教学资源和活动形式。同时，还需要注重教学资源的多样性和互动性，通过多媒体教学、虚拟实验等方式提供丰富的学习体验。

另外，远程教育课程需要不断进行调整和改进。可以通过定期的教师培训和学生反馈，及时了解教学效果和改进意见，对课程进行修订和更新，确保远程教育课程的质量和适应性。

二、远程教育技术设施与支持

（一）建设远程教育平台和网络基础设施

为了支持远程教育的开展，产业学院需要建设完善的远程教育平台和网络基础设施。远程教育平台可以提供教学资源的上传和管理、学生的注册和学习管理、教师与学生的互动交流等功能。在建设远程教育平台时，应考虑以下几个方面。

首先，要确保远程教育平台的稳定性和安全性。平台的服务器和数据库需具备较高的稳定性和安全性，以保证学生和教师在使用过程中不会遇到因系统故障带来的影响和困扰。此外，还要注重平台的数据安全和隐私保护，确保学生和教师的个人信息不会被泄露和滥用。

其次，平台需要提供多样化的学习资源和工具。丰富的学习资源包括课件、案例分析、教学视频等，可以帮助学生灵活自主地进行学习。同时，平台还应提供交互式的学习工具，如在线测试、讨论板块等，以便学生能够进行实时的学习评估和互动交流。

最后，平台要具备良好的用户体验和界面设计。用户体验的核心是简洁易用和功能完善，使学生和教师能够快速上手并高效地使用平台。而优雅的界面设计则能提高用户的满意度和使用积极性，增强学生和教师对远程教育的认同感和归属感。

除了远程教育平台，还需要建设稳定和高速的网络基础设施。首先，要确保宽带网络的稳定性和可靠性，以保障学生在远程学习过程中不会因网络问题而产生中断或延迟。其次，要提供足够的带宽大小，以应对同时在线学习的大量用户。另外，还需建设完备的网络设备和服务器，提供快速、安全和高效的数据传输和存储。

（二）提供技术支持和服务

首先，可以设立专门的技术支持团队，负责提供远程教育维护。该团队应具备扎实的技术功底和丰富的经验，能够及时解答教师和学生在使用过程中遇到的技术问题，并提供有效的解决方案。

其次，要提供培训和指导，帮助教师和学生熟悉和掌握远程教育平台和工具的使用方法。可以组织针对不同群体的培训班或在线视频教学，教授平台的基本操作和高级功能，以及教学资源的包括学术辅导、学习小组、在线讨论论坛等形式，提供学习指导和交流平台，以促进学导可以提供针对性的学习辅导，帮助学生解决学习中遇到的难题和困惑。学习小组可以组织学生进行合作学习，通过互相讨论和分享经验，提高学习效果。在线讨论论坛则为学生提供一个开放的平台，可以自由地发表观点、提问和回答问题，促进学生之间的思想碰撞和学习交流。

在建立学习支持体系时，还可以考虑一些其他的措施。比如可以组织学术研讨会、在线讲座等活动，邀请专家学者和行业人士分享最新的学术成果和实践经验。这样不仅可以丰富学生的学术视野，还能够增强学生的学习动力和激发学习兴趣。

三、远程教育质量保障与评估

（一）建立远程教育质量保障机制

为了确保远程教育的质量，产业学院需要建立完善的质量保障机制。以下是建立远程教育质量保障机制的几个关键方面。

1.制定管理规范和标准

产业学院应制定远程教育的管理规范和标准，明确教师和学生的权责，规范教学行为和管理流程。这包括制定课程设计和教学评价的指南，明确教学目标、教学时间和任务安排等。

2.教师资质与培训要求

学院可以制定教师资质与培训要求，确保教师具备相关学科知识和教学技能。教师应接受远程教育的专门培训，熟悉在线教学平台和教学工具的使用，掌握远程教育的教学原理和方法。

3.内部和外部教学质量评估

产业学院可建立内部和外部的教学质量评估机制，对远程教育进行全面、多角度的评估。内部评估可由学院自行组织，包括课程质量评估、教学效果评估和学生满意度调查等。外部评估可以委托专业机构进行，以获得独立的评价报告。

4.颁发证书和学历

对于完成远程教育课程并通过相应考核的学生，产业学院应颁发相应的证书或学历。这样可以有效地证明学生所获得的知识和能力，增强其学习成果的认可度。

5.与行业和企业合作

产业学院可以与相关行业和企业合作，建立合作关系，将远程教育的学习成果与实际工作需求结合起来。这可以通过行业认证、职业资格认证或实践项目合作等方式实现，为学生提供更多就业机会和发展空间。

（二）持续改进和优化远程教育质量

远程教育是一个不断发展和改进的过程。以下是一些持续改进和优化远程教育质量的关键举措。

1.关注教育技术的发展和变化

产业学院应紧密关注教育技术的最新发展和变化，及时了解和应用新的教育技术。不断引入新的教学工具和技术，如虚拟实境、人工智能等，以提升远程教育的教学效果和学习体验。

2.定期课程评估

定期对远程教育的课程进行评估，包括教学内容、教学方法和学习资源的评估。通过收集学生反馈和教师的经验总结，了解课程的问题和需求，及时进行改进和优化。

3.学生反馈与参与

鼓励学生积极参与课程评价和反馈，了解他们对远程教育的满意度和建议。可以通过在线调查问卷、小组讨论等形式收集学生意见，并据此调整教学策略和改进教学设计。

4.教师培训与专业发展

持续为教师提供相关培训和专业发展机会，提高其教学水平和远程教育的理论素养。学院可以组织教师交流和分享教学经验的活动，促进教师之间的合作和共同成长。

5.利用学习数据分析

运用学习数据分析技术，对学生的学习行为和学习结果进行分析。通过对学习数据的挖掘，提取有价值的信息和模式，为个性化教学和教学改进提供依据。

四、远程教育课程的更新与改进

（一）定期审查和评估课程内容

为了保持远程教育课程的时效性和实用性，产业学院应该定期审查和评估课程内容。这要求学院建立起一个完善的课程评估机制，确保课程的更新和优化。

首先，学院可以设立专门的课程评估小组，由教师、教务人员和行业专家组成。他们可以定期审查课程，根据行业发展和市场需求的变化，检视课程的内容是否与时俱进，是否满足学生学习的需求。

其次，学院还可以引入学生参与课程评估的机制。学生是直接受益于课程的主体，在评估中他们提供的反馈和建议是非常重要的。可以通过问卷调查、小组讨论等方式收集学生的意见和建议，以便更好地优化课程内容。

再次，学院还可以关注行业标准和认证方面的变化，及时对课程进行修订和更新。例如，如果某个行业出台新的规范或技术要求，学院应及时了解并对相关课程进行调整，以保持课程的时效性和实用性。

（二）借鉴和共享优质资源

远程教育的特点之一是可以借鉴和共享优质的教学资源。产业学院可以与其他高校、研究机构等进行合作，共享教学资源，并借鉴他们的教学经验和成功案例，以提升自身远程教育课程的质量和水平。

首先，学院可以与其他高校建立合作关系，开展联合课程开发和资源共享。通过合作，可以互相借鉴和学习对方的优秀教学资源和教学方法，提高自身的教学水平和教学效果。

其次，学院可以与研究机构进行合作，开展教学研究和教学改革。通过参与相关研究项目，学院可以深入了解最新的教学理论和教育技术，结合实际情况进行创新，并将研究成果应用于远程教育课程的设计和教学实践中。

再次，学院还可以与行业企业合作，开展实践性课程和实习项目。通过与行业企业的合作，学院可以获得行业内部的真实案例和实践经验，使课程更加贴近实际工作场景，提升学生的实践能力和就业竞争力。

（三）开展教师培训和提升

教师是远程教育的核心力量，其专业能力和教学水平对于远程教育的质量至关重要。产业学院应该开展定期的教师培训和提升，以提高教师的远程教育教学能力。

首先，学院可以组织内部培训，邀请教育专家和行业专家进行培训讲座。这些讲座可以涵盖教学理论、教育技术、课程设计等多个方面，帮助教师掌握教学新思路、新方法和新工具，提高教学效果。

其次，学院可以鼓励教师参与学术交流和教学研究活动。教师可以参加学术会议、教学研讨会等，与其他教师进行交流和分享，了解教育领域的前沿动态，提升自身的教学水平。

再次，学院还可以鼓励教师进行教学创新和教学项目的申报。通过参与教学项目，教师可以在实践中不断总结经验和教训，提高教学能力和创新能力。产业学院可以为教师提供相应的支持和鼓励，使其积极参与教学改革和创新。

（四）引入新的教学技术和工具

随着教育技术的不断发展，产业学院可以引入新的教学技术和工具，以提升远程教育课程的互动性和体验感，增加学生的学习兴趣和参与度。

首先，学院可以引入虚拟实境技术，通过虚拟实境设备和软件，模拟真实的学习场景，提供更加沉浸式的学习体验。例如，在某些专业的实验课程中，学生可以使用虚拟实境设备进行虚拟实验，从而更好地理解和掌握实验原理和操作方法。

其次，学院可以引入人工智能技术，利用智能教育软件和工具，定制个性化的学习路径和内容。通过人工智能技术，可以根据学生的学习情况和特点，自动化地生成适合其需求和程度的学习材料和习题，并提供即时的反馈和建议。此外，人工智能还可以在学习过程中进行自动评估和监测，帮助教师及时发现学生的学习困难并提供相应的指导。

再次，学院还可以引入在线协作工具和平台，促进学生之间的合作学习和交流。通过在线协作工具，学生可以进行实时的小组讨论、项目合作和资源共享，提高学生的合作能力和解决问题的能力。同时，这些工具还可以方便教师进行学生作业和考试的管理和评分，提高教学效率。

最后，学院还可以通过引入智能化的学习分析和数据挖掘技术，对学生的学习过程和成果进行全面的监测和分析。通过对学生学习数据的收集和分析，可以及时发现学生的学习问题并提供个性化的教学支持，同时也可以对课程设置和教学方法进行优化和改进。

第十二章　高等职业院校产业学院的学生培养与综合素质提升

第一节　产业学院的学生培养目标与要求

一、培养具有高职素养和实践能力的应用型人才

（一）加强职业道德与职业素养的培养

产业学院非常重视学生的职业道德和职业素养的培养。为此，产业学院开设了相关课程，如职业伦理与职业规范、职业发展与人际关系等，通过这些课程的学习，引导学生树立正确的职业价值观、职业道德观。产业学院还组织实践活动，例如模拟企业实践、职业道德讲座和企业参观等，让学生在实际操作中感受到职业道德的重要性，培养他们遵守职业规范、尊重职业操守的意识和行为习惯。

（二）提供全面的应用技能培养

产业学院注重培养学生的实践能力和职业技能，提供全面的应用技能培养机会。首先，产业学院开设实践课程，如实验课程、实训课程和实践教学项目等，让学生在实际操作中学习和掌握相关技能。其次，产业学院积极建设实训基地，配备先进的实验设备和工具，为学生提供实践场所和机会。另外，产业学院与企业合作开展实践项目，让学生参与真实的工作场景，学习与实际工作需求紧密相关的专业知识和实践技能。通过这些方式，产业学院培养学生解决实际问题的能力和应变能力。

（三）强化创新创业教育

创新创业是当今社会发展的重要动力，产业学院非常注重培养学生的创新

精神和创业能力。为此，产业学院开设相关的创新创业教育课程，包括创新思维与方法、创业管理与策划等，通过系统的课程学习，激发学生的创新意识和创造力。同时，产业学院组织创新创业竞赛和项目孵化，为有创业意向的学生提供切实的支持和指导。产业学院还与创业者和企业家进行交流和合作，邀请他们分享成功经验和创业心得，鼓励学生积极参与创新创业实践，培养他们在产业发展中具备创新能力和创业精神。

二、培养适应产业发展需求的专业技术人才

（一）注重基础理论和专业知识的学习

产业学院高度重视学生对于基础理论和专业知识的学习。为了确保学生的学习效果和深度，学院开设了系统完整的专业课程，涵盖了基础理论与专业知识的各个方面。这些课程旨在帮助学生全面了解和掌握相关领域的基本概念、原理和方法。

为了提高学生的专业素养和专业技能，学院采用多种教学方法来进行教学。除了传统的课堂讲授，学院还注重理论与实践相结合的教学模式。通过案例分析、实验操作、小组讨论、项目实践等方式，学生可以将所学的理论知识应用到实际问题中，并培养解决问题的能力和创新思维。

此外，学院还鼓励学生积极参与学术研究和实践项目。学生可以选择参加科研项目、创新设计比赛、社会实践等活动，拓宽自己的学术视野和实践经验。这些实践机会不仅能够增强学生的实际操作能力，还能够培养他们的团队合作能力和创新精神。

（二）加强实践能力的培养

产业学院不仅注重学生的理论学习，也非常重视培养学生的实践能力。学院通过组织实践课程、实验实训和实习实训等方式，让学生在真实的工作环境中进行实践操作，提升他们的实际操作能力和问题解决能力。

首先，学院开设了一系列的实践课程，旨在让学生通过实际操作来学习和掌握专业技能。这些实践课程涵盖了各个专业领域的实践内容，包括工程实践、实验操作、技术应用等。学生在参与这些实践课程时，可以亲自动手进行实践

操作，加深对理论知识的理解，并培养实际应用能力。

其次，学院注重组织实验实训活动。通过在实验室、工作场所等环境中进行实验操作和技术研发，学生可以接触到真实的科学研究和工程实践过程。这些实验实训活动旨在培养学生的实验设计能力、数据分析能力和实验操作技能，使他们能够熟练运用科学方法和仪器设备进行实验研究。

再次，学院还鼓励学生积极参与实习实训活动。通过与企业合作，为学生提供实际工作的机会和平台。学生在实习实训期间可以亲身体验并参与到真实的职业环境中，通过实践操作和与专业人士的交流互动，学生能够了解并掌握实际工作中的技能要求和业务流程，提高自己的职业素养和实践能力。

（三）紧密结合产业需求进行教学

产业学院密切关注产业发展趋势和需求，始终保持与行业的紧密联系。学院不断调整专业设置和课程内容，以确保教学内容与实际工作需求相匹配。通过与企业建立紧密的合作关系，开展产教融合的教学模式，为学生提供更好的实践机会和就业保障。

首先，学院定期与各行业的企业进行沟通和交流，了解行业发展的最新动态和技术要求。学院根据这些信息，及时对专业设置进行调整和优化，确保学生所学专业与行业需求相匹配。此外，学院还邀请企业代表来校举办讲座和交流，使学生了解行业的最新发展趋势和就业形势。

其次，学院与企业合作开展实践教学项目，为学生提供更好的实践机会。学院与一些知名企业签署合作协议，共同开展科研项目、技术开发等实践活动。通过参与这些项目，学生可以近距离接触到真实的工作环境和实际问题，提升实践能力和解决问题的能力。

再次，学院还积极组织学生参加行业实习和企业实训。学生在实习期间可以深入了解行业运作和岗位要求，将所学知识应用到实际工作中，并建立起与企业的人脉关系。这样的实践经验不仅为学生提供了实际工作的机会，还为他们未来的就业提供了更多的选择和机遇。

三、培养具有创新精神和终身学习能力的职业人才

（一）开设创新创业教育课程

产业学院高度重视创新创业教育，为了培养学生的创新精神和创业能力，开设了创新创业教育课程。这些课程旨在引导学生了解创新创业的基本概念和方法，并通过案例分析、项目实践等方式，培养学生的创新思维和创新能力。

在创新创业教育课程中，学生将学习到创新的基本理论和方法，了解创新在不同领域的应用。同时，学生还将参与到团队合作的项目中，通过实践操作，锻炼他们的创新能力和问题解决能力。学院鼓励学生提出创新创业项目，并提供相关支持和指导，帮助学生将创新创业的理念转化为实际行动。

此外，学院还积极组织创新创业竞赛和活动，为学生提供展示自己创新创业成果的机会。通过参与这些竞赛和活动，学生可以与来自其他学校和企业的学生进行交流和竞争，拓宽自己的视野，提高创新创业能力。

（二）提供终身学习的支持与资源

产业学院致力于培养学生的终身学习能力，为此，提供丰富的学习资源和支持。首先，学院配备了现代化的图书馆和电子资源，为学生提供了大量的学习资料和文献。学生可以通过阅读各类书籍、期刊和报纸，扩展知识面并深入学习专业领域的前沿知识。

其次，学院建立了完善的网络学习平台，提供在线教育资源和课程学习工具。学生可以通过网络平台进行远程学习、参加在线课程和讨论，灵活安排学习时间，提高学习效果。

再次，学院鼓励学生积极参与学术研究和学术交流活动。学院定期举办学术讲座、学术会议等活动，邀请知名学者和专家来校进行学术报告和研讨。同时，学院鼓励学生主动参与科研项目，并提供相应的资金和指导支持。

第二节　产业学院的学生综合素质培养路径

一、构建全方位的综合素质教育体系

（一）开设通识教育课程

产业学院非常重视学生的综合素质培养，因此在课程设置上注重通识教育。学院开设了一系列通识教育课程，涵盖人文、社会科学、自然科学等多个领域的知识。学生在修读这些课程时，将广泛接触各种学科，拓宽视野，提高综合素质。

在人文领域，学院可以开设文化与品味、艺术欣赏、文学与创作等课程，旨在培养学生的审美能力和人文素养。通过学习文学作品、艺术形式等，学生可以提升自己的文化修养，增强对文化多样性的理解和尊重。

在社会科学领域，学院可以开设社会学、心理学、经济学等课程，帮助学生了解社会现象和社会规律。通过学习这些课程，学生可以培养批判思维和分析问题的能力，增强对社会问题的认知和理解。

在自然科学领域，学院可以开设物理学、化学、生物学等课程，让学生了解自然界的奥秘和科学原理。通过实验和观察，学生可以培养科学思维和实验技能，提高对自然科学的兴趣和理解。

（二）组织学术文化活动

学院积极组织各类学术讲座、文化艺术节、体育赛事等活动，丰富学生的课余生活，提高他们的审美能力、人文素养和团队合作能力。

学术讲座是学院常见的活动形式之一，学院邀请知名学者、专家来校园进行学术交流和讲座，让学生接触前沿的学术研究，拓宽学术视野。

文化艺术节是学院举办的重要活动之一，涵盖音乐、舞蹈、戏剧等多个艺术形式。学生可以参与演出、观看演出，培养自己的审美能力和艺术鉴赏能力。

体育赛事是学院注重培养学生身心健康的一种方式，学院组织各类体育比赛，包括篮球、足球、羽毛球等，激发学生参与体育运动的热情，培养他们的团队合作精神和竞技意识。

（三）开展社团与志愿者活动

学院鼓励学生自发组建社团，并提供平台和资源支持。学生可以根据自己的兴趣和特长参加各种社团活动，如学术科研社团、志愿者服务社团、艺术团队等。通过社团活动，学生可以锻炼自己的组织能力、领导能力，拓宽眼界，丰富校园生活。

同时，学院鼓励学生参与志愿者活动。学院将组织各类志愿者服务活动，如社区义教、环保活动、公益捐赠等。通过参与志愿者活动，学生可以提高自己的人际交往能力、实践能力，培养自己的服务意识和团队精神。

（四）推行素质评价制度

学院建立完善的学生素质评价制度，除了对学术成绩的评价外，还注重对综合素质的评价。学院将制定一套科学的评价指标体系，从学生的品德修养、社交能力、创新能力等方面进行评价。

学院将通过各种形式的评价工具，如问卷调查、实践报告、项目展示等，定期评估学生的综合素质发展，并给予针对性的指导和激励。学生的优秀表现将得到学院的认可和奖励，激励他们全面发展。

二、注重专业素养与实践能力的培养

（一）开设专业课程

产业学院非常注重对学生专业知识和技能的培养，因此在课程设置上开设了与专业相关的课程。这些课程涵盖了专业领域的核心知识和技能，旨在帮助学生全面掌握专业知识，并培养其在实践中解决问题的能力。

学院为不同专业开设了一系列的专业核心课程，包括理论课、实验课、实训课等。学生在理论课中学习专业的基础知识和理论原理，通过实验课和实训课进行实际操作和实践训练，将理论与实践相结合，提高专业素养和实际应用能力。

此外，学院还注重培养学生的创新意识和创新能力，在专业课程中加入了创新创业教育内容。学生通过参与创新项目、科研实践等活动，培养自己的创新思维和创新能力，为未来的职业发展打下坚实基础。

（二）组织实践教学活动

为了提高学生的实际操作和解决问题的能力，学院积极组织各种实践教学活动。这些活动包括实验实训、企业实习、社会实践等，让学生在真实的工作环境中进行实践操作，提升专业能力和应变能力。

在实验实训方面，学院配备了先进的实验设备和实训场地，为学生提供良好的实践环境。学生通过参与实验实训课程，进行实际的实验操作和解决问题的训练，提高自己的实践能力和实际操作技能。

此外，学院还与各类企业合作，为学生提供实习机会。学生可以到企业进行实习，亲身体验工作环境，学习实际工作方法和技巧。通过实习，学生可以将所学知识与实际工作相结合，培养自己解决实际问题的能力和职业素养。

（三）建立校企合作基地

为了更好地满足企业对人才的需求，学院与各类企业建立了校企合作基地。这些合作基地为学生提供了实践机会和就业保障。

通过与企业的紧密合作，学院可以及时了解到行业的最新技术和发展动态，将这些信息融入课程设置和教学内容中。学生通过与企业的合作项目，可以接触到真实的工作环境和工作要求，提前适应职业生涯的挑战。

学院与校企合作基地建立了深入的合作关系，为学生提供实践实习机会、毕业就业推荐等服务。同时，学院还积极参与行业培训和技能竞赛，提高学生的就业竞争力和专业素养。

通过以上的措施，产业学院致力于培养具有专业知识和技能的高素质人才，为社会和经济发展做出贡献。

三、加强创新创业意识与能力的培养

（一）开设创新创业教育课程

学院针对创新创业教育的重要性，开设了一系列的创新创业教育课程，旨在引导学生了解创新创业的基本概念和方法，并培养他们的创新思维和创新能力。

首先，学院的创新创业教育课程涵盖了创新思维、商业模式创新、市场营销等方面的内容。通过这些课程，学生将深入了解创新创业领域的理论知识和实践经验，掌握创新的基本原则和方法论。课程设置灵活多样，既有理论授课，又注重实践案例分析和团队合作项目，帮助学生将所学知识应用于实际问题解决中。

其次，学院积极引入创新创业领域的专业教师和业界资深人士，组建专业团队来授课。这些教师和专业人士具备丰富的实践经验和行业洞察力，能够为学生提供真实有效的创新创业指导。他们除了传授理论知识，还能分享自身的创业经历和成功案例，激发学生的创新创业热情和动力。

再次，学院注重培养学生的实践能力和团队协作精神。为此，学院与企业合作，组织创新创业实践活动。例如，创新创业竞赛是一个重要的实践平台，学生可以在比赛中提出创新创业项目，并通过评审和指导获得相应的支持和资金。此外，学院还会定期举办创业讲座、创业沙龙等活动，邀请成功创业者和相关专家分享经验，启发学生的创新创业思维。

（二）组织创新创业实践活动

为了进一步培养学生的创业意识和能力，学院积极组织各类创新创业实践活动，如创新创业竞赛、创业讲座等，为学生提供展示自己创新创业项目的机会，并给予必要的支持和指导。

首先，创新创业竞赛是学院组织的重要活动之一。该竞赛旨在鼓励学生团队合作，提出有前瞻性和可行性的创新创业项目，通过评审和决赛环节，选拔出优秀的项目并给予适当的奖励和支持。此外，竞赛也提供了与企业、投资者等交流的机会，为学生进一步发展创新创业项目打下坚实基础。

其次，学院定期举办创业讲座和创业沙龙等活动，邀请成功的创业者、风险投资家和行业专家来校交流与分享经验。这些活动旨在激发学生的创新创业热情，帮助他们了解创业过程中的挑战和机遇，提升创业思维和创业能力。

再次，学院还鼓励学生参与校内外的创新创业项目，并为他们提供必要的支持和指导。例如，学院与创业孵化基地、投资机构等建立合作关系，为有创业意愿的学生提供创业指导、资金支持和资源整合等方面的帮助。学院还积极开展创新创业实践课程，通过与企业合作的项目，让学生亲身体验创业过程，培养创新创业能力。

（三）提供创新创业资源支持

为了促进学生创新创业能力的提升，学院注重提供创新创业资源支持，与创业孵化基地、投资机构等建立合作关系，为有创业意愿的学生提供相应的指导、资金和资源整合等方面的帮助。

首先，学院与创业孵化基地合作，为学生提供创业指导和孵化服务。孵化基地通常是一个具备创新创业资源和专业团队的场所，学院与孵化基地合作，可以为学生提供创业指导、商业计划书撰写、市场调研等方面的支持。学生可以在这个创业生态系统中接触到创业导师、行业专家和其他创业者，获取宝贵的经验和资源。

其次，学院与投资机构建立合作关系，为有创业意愿的学生提供资金支持。投资机构通常会对有潜力的创业项目进行评估和投资，学院可以协助学生与投资机构对接，提供必要的培训和准备工作，增加他们获得投资的机会。

再次，学院还积极整合各类创新创业资源，包括人才、技术、市场等方面的资源。通过与企业、政府、社会组织等的合作，学院可以为学生提供更广泛的资源支持，帮助他们在创新创业过程中获取所需的资源，降低创业风险。

最后，学院致力于建立校内的创新创业平台，提供创新创业资源的集成和共享。例如，学院可以设立创新创业实验室，为学生提供创业相关的设备、场地和技术支持。学院还可以成立创新创业社团或交流平台，为学生提供交流、合作和学习的机会。

第三节　产业学院的学生发展与支持措施

一、建立个性化、差异化的学生成长档案

（一）建立学生信息管理系统

为了更好地了解学生的发展情况，并为他们提供个性化的支持和指导，学

院将建立一个学生信息管理系统。这个系统将记录学生的基本情况、学习成绩、社会实践经历、获奖情况等重要信息。通过集中管理学生的信息，学院可以全面把握学生的发展状况，为他们提供更加精准的辅导和指导。

学生信息管理系统将包括以下内容：

（1）学生基本信息：包括学生的姓名、性别、年龄、家庭背景等基本情况，用于学院对学生进行个性化服务和管理。

（2）学习成绩记录：系统将记录学生每个学期的课程成绩，包括考试成绩、作业成绩等，以便学院了解学生的学业表现，并提供针对性的学习指导和辅导。

（3）社会实践经历：学生参与社会实践活动的情况将被记录在系统中，包括参加志愿者活动、实习经历、参与社团组织等。这些记录将为学院提供参考，为学生提供相关资源和机会，进一步提高他们的实践能力和社会责任感。

（4）获奖情况记录：系统将记录学生在各类比赛、评选中获得的奖项和荣誉，以便学院了解学生的特长和优势，并为他们提供相关的发展机会和支持。

学院将确保学生信息的安全性和隐私性，仅在必要的情况下向相关人员提供信息。同时，学院还将积极与学生家长进行沟通，共同关注学生的发展情况，确保他们获得最好的学习环境和支持。

（二）定期评估学生发展情况

学院将对学生进行定期评估，以了解他们在学业、实践和个人发展方面的表现。评估内容将包括但不限于以下几个方面：

（1）学业表现评估：学院将根据学生的课程成绩、学习态度和参与度等进行评估，了解学生在学术方面的发展情况。

（2）社团活动参与评估：学院将评估学生在社团组织中的参与度和表现，包括担任职务、组织活动等，以了解学生在社团活动方面的发展情况。

（3）实践能力评估：学院将评估学生在实践活动中的表现和能力发展，包括社会实践、实习经历等，以了解学生的实际能力和专业素养。

通过定期评估，学院可以了解学生的整体发展情况，并为每个学生建立个性化的学生成长档案。学生成长档案将包括学生的评估结果、发展规划和支持资源等内容，为学生提供有针对性的发展指导和支持。

（三）开展个人发展咨询

为了帮助学生进行个人发展规划和职业选择，学院将设立个人发展咨询服务中心。这个中心将为学生提供个性化的咨询服务，包括但不限于以下方面：

（1）专业规划咨询：学生可以咨询专业选择、专业发展方向等问题，通过与咨询师的交流和探讨，了解各个专业的特点和就业前景，制定合理的学习计划和发展目标。

（2）职业选择咨询：学生可以咨询就业市场的信息、职业发展路径等问题，了解各行业的需求和发展趋势，获取相关资源和支持，帮助他们规划职业道路和就业准备。

个人发展咨询服务中心将与学院的辅导员、专业教师等部门紧密合作，建立健全咨询体系，为学生提供全方位的支持和指导。咨询师将通过个性化的咨询方式和方法，帮助学生更好地了解自己的兴趣、能力和价值观，制定个性化的发展规划，实现自身潜能的最大化发展。

二、提供多样化的学业指导和职业规划服务

（一）学业辅导和学习指导

学院将组织各类学业辅导和学习指导活动，旨在帮助学生提高学习效果和掌握有效的学习方法和技巧。学院将定期开设学习方法与技巧的培训课程，为学生提供针对不同学科和学习阶段的指导。培训内容包括如何进行高效的阅读和笔记记录、如何制订学习计划和时间管理、如何解决学习中的困惑和难题等。通过这些培训，学生可以掌握科学的学习方法，提高学习效率和成绩。

此外，学院还将建立学生导师制度，由教师或资深学生担任学生导师，为学生提供个性化的学业指导和咨询服务。导师将与学生一对一或小组形式进行交流，了解学生的学习情况和困惑，并提供相应的帮助和建议。导师可以帮助学生进行学习计划的制订和调整，解答学生在学习中遇到的问题，引导学生提高学习能力和解决问题的能力。

（二）职业规划指导

为了帮助学生进行科学合理的职业规划，学院将组织职业规划指导活动，

为学生提供职业发展的信息和指导。学院将邀请相关领域的专家、企业人士和校友等，进行职业讲座和经验分享，帮助学生了解各行各业的就业前景和要求，掌握就业市场的动态和趋势。

同时，学院还将开设职业规划课程，帮助学生进行职业规划和选择。课程内容包括职业目标的确定生提供实践项目、实地考察等机会，使他们能够将所学知识应用于实践中，提升实践能力和指导和资源支持。学院将组织创业讲座、创业比赛等活动，邀请成功创业者和相关专家分享创业经业的启发和指导。

学院还将建立创新创业平台，为学生提供创新创业资源的集成和共享。该平台将整合各类创新创业资源，包括人才、技术、市场等方面的资源，为学生提供更广泛的支持和帮助。学生可以在平台上获得创新创业的培训和指导，与创业导师和行业专家进行交流和合作，获取创新创业所需的资源和支持。

三、开展丰富多彩的课外活动与社团组织

（一）丰富多样的课外活动

为了丰富学生的校园生活，学院将组织丰富多样的课外活动，包括文化艺术节、体育比赛、学术讲座等。这些活动不仅满足学生的兴趣和需求，还能够锻炼学生的综合素质，培养他们的团队合作能力和领导能力。

文化艺术节是学院开展的一项重要活动,通过组织学生参与各类文艺表演、艺术展览、创意设计等活动，提供了一个展示个人才艺的舞台。学生可以展示自己的音乐、舞蹈、戏剧等方面的才华，增强自信心和舞台表演能力。同时，文化艺术节也为学生提供了欣赏和体验不同文化的机会，培养他们的审美能力和跨文化交流能力。

体育比赛是另一个重要的课外活动，学院将组织各类体育赛事，如足球、篮球、羽毛球等比赛，让学生通过参与竞技活动锻炼身体，同时培养团队合作和竞争意识。通过比赛，学生可以更好地理解团队协作的重要性，培养领导能力和战略思维，同时也提高体育素养和身体健康水平。

学术讲座是学院组织的另一项重要活动，通过邀请学术界的专家学者或业界的成功人士来校举办讲座，为学生提供学科前沿知识和实践经验的分享。学

生可以通过参加学术讲座拓宽知识面、了解行业动态，并与嘉宾进行交流和互动，提高自己的学术素养和职业素养。

（二）多样化的社团组织

为了提供更广阔的学生发展空间，学院将鼓励学生自发组建各种社团组织，并提供相应的支持和资源。社团组织是学生自主发展的平台，可以让学生根据自己的兴趣和特长参与各种社团活动，丰富自己的校园生活。

学院将提供场地、设备和经费等支持，帮助社团组织开展各类活动。社团活动的内容多样化，包括学术科研、文化艺术、公益志愿等方面。学生可以参与科研项目的探索与实践，进行文艺创作和演出，组织公益志愿活动等。通过社团活动，学生可以锻炼自己的组织能力、沟通协调能力和领导能力，培养自己的团队合作精神和创新思维。

（三）志愿者服务

学院将组织学生参与志愿者服务活动，引导学生关注社会问题，培养他们的社会责任感和公益意识。志愿者服务是一种有意义且有益于社会的活动，通过参与志愿者活动，学生可以亲身体验社会服务的过程，提高人际交往能力和实践能力。

学院将与社会组织合作，为学生提供各类志愿者服务机会，如参与社区服务、环境保护、助残助老等活动。学生可以选择适合自己兴趣和能力的志愿者项目，并在其中发挥自己的专长和才华。通过志愿者服务，学生不仅可以了解社会问题，增强社会责任感，还可以通过实际行动为社会做出贡献，培养关爱他人的精神和价值观。

四、完善学生奖助学金体系，激发学生积极性

（一）设立奖学金制度

学院将设立奖学金制度，旨在鼓励学生在学业上取得优异表现，并激发他们的学习积极性和创新能力。奖学金可以分为不同类别，如学术类奖学金、创新创业类奖学金、社会实践类奖学金等，以满足不同领域的学生需求。

学院奖学金制度的具体内容包括以下几个方面：

•学术类奖学金：鼓励在学术方面表现优异的学生，奖励他们在课堂学习、科研等方面的突出成绩。

•创新创业类奖学金：鼓励学生在创新创业领域展现才能，奖励他们在项目开发、商业计划等方面的杰出表现。

•社会实践类奖学金：鼓励学生积极参与社会实践活动，奖励他们在社会服务、志愿者工作等方面的卓越贡献。

通过设立奖学金制度，学院可以激励学生努力学习，提高学业成绩，培养他们的领导力、创新思维和实践能力。

（二）建立助学金体系

学院将建立助学金体系，以资助家庭经济困难的学生，帮助他们顺利完成学业。助学金可以包括以下几种形式：

•生活补助：提供给家庭经济困难的学生一定的生活费用补贴，帮助他们缓解经济压力。

•学费减免：对家庭经济困难的学生适当减免学费，降低他们的经济负担。

•奖学金：除了鼓励学术、创新、社会实践等方面的优秀表现外，还设立特殊奖学金，针对家庭经济困难的学生提供额外资助。

通过建立助学金体系，学院可以帮助更多的家庭经济困难学生获得教育机会，减轻他们的经济负担，促进他们全面发展。

（三）提供就业支持

学院将与企业和各行业建立良好的合作关系，为学生提供就业支持和职业发展指导。学院将开展以下活动：

•招聘会：定期组织校园招聘会，邀请各类企业到校进行招聘，为学生提供就业机会。

•职业讲座：邀请行业专家、成功校友等开展职业讲座，分享就业经验和职业发展指导。

•就业信息发布：建立就业信息平台，及时发布就业信息，帮助学生获取相关的就业信息。

通过提供就业支持,学院可以为学生提供更多的就业机会和职业发展指导,帮助他们顺利就业并发展自己的职业生涯。

(四)开展学生创新创业竞赛

学院将组织学生创新创业竞赛,为有创业意向的学生提供锻炼和展示自己能力的机会。学院将提供以下支持:

•资金支持:为优秀的创新创业项目提供资金支持,帮助学生实现创业梦想。

•资源支持:向学生提供实验室、办公场地、导师等资源,助力他们开展创新创业活动。

•指导支持:提供创新创业指导团队,帮助学生制订创新创业计划和实施方案。

通过学生创新创业竞赛,学院可以培养学生的创新能力、团队合作精神和创业意识,为他们的创新创业之路提供支持和帮助。

第十三章　高等职业院校产业学院的社会责任与可持续发展

第一节　产业学院的社会责任理念与目标

一、践行立德树人的教育使命

（一）培养德智体美劳全面发展的高素质人才

作为一所产业学院，应以立德树人为根本目标，注重学生全面发展，培养德智体美劳全面发展的高素质人才。

在德育方面，应注重培养学生的道德修养和社会责任感。通过开展各种形式的德育教育活动，引导学生树立正确的价值观和人生观，注重公民道德、职业道德和学术道德的培养。

在智育方面，应注重提高学生的学业水平和专业能力。通过优质教学资源、创新教学方法和实践教学环节的设计，激发学生的学习兴趣，提高他们的综合素质和专业能力。

在体育、美育和劳动教育方面，应注重学生身心健康和综合素质的培养。通过丰富多样的体育、艺术和实践活动，培养学生的动手能力、团队合作精神以及审美和创造能力。

（二）推行素质教育，培养学生的创新能力和实践能力

为了培养学生的创新能力和实践能力，应积极推行素质教育，注重培养学生的创新思维、实践能力和解决问题的能力。

在课程设置方面，应加强理论与实践的结合，注重培养学生的动手能力和实践经验。通过开设实验课程、实训项目等，使学生能够将所学知识应用到实

践中，提高解决实际问题的能力。

在科研创新方面，应鼓励学生积极参与科研活动，培养他们的科研兴趣和创新意识。通过指导和支持学生开展科研项目和创新实践，提供相应的资源和平台，激发学生的创新潜能。

在实习实训方面，应积极组织学生参与实习实训活动，提供与产业紧密结合的实践机会。通过与企业和社会合作，使学生能够在实践中学习，提高解决实际问题和创新能力。

（三）培养社会责任意识和公民意识

作为一所产业学院，应注重培养学生的社会责任意识和公民意识。通过开展社会实践、志愿服务等活动，使学生深刻认识到自己的社会责任和使命，培养他们具有良好的道德品质和社会公德。

应积极引导学生关注社会热点问题和社会发展需求，培养他们对国家、社会和企业的责任感，激发他们为社会进步和人类福祉做出贡献的热情和动力。

二、推动区域产业升级与社会经济发展

（一）加强与企业和行业的合作与交流

为了促进区域产业升级和社会经济发展，应加强与企业和行业的合作与交流。通过与企业建立紧密的合作关系，了解行业需求和发展趋势，调动企业资源，为学生提供实习就业机会和职业发展指导。

同时，应积极搭建平台，促进学生、教师与企业的交流与合作。通过产学研合作项目、企业实践基地等形式，加强学校与企业的互动，促进双方资源共享、优势互补，推动产业技术进步和人才培养。

（二）开展产学研一体化的科技创新

为了推动区域产业升级和社会经济发展，应积极开展产学研一体化的科技创新。以学院的专业特长和科研实力为依托，与企业合作开展科技创新项目，解决实际问题，提高企业技术水平和创新能力。

应鼓励教师和学生积极参与科研项目，推动科研成果转化和应用。通过科技创新成果的转化和推广，促进区域产业结构优化和创新能力提升，推动社会

经济的可持续发展。

（三）开展社会服务与技术支持

作为一所产业学院，应积极开展社会服务与技术支持，为区域产业升级和社会经济发展提供支持。

在社会服务方面，应开展各类培训和咨询活动，为企业和社会提供专业知识和技术支持。通过组织行业研讨会、专题讲座等活动，促进行业间的交流与合作，提供解决方案和技术支持，助力企业提升竞争力和实现可持续发展。

同时，应积极响应社会需求，参与解决社会问题。通过开展社会调研、政策研究等活动，为政府和社会提供专业建议和决策支持，推动社会经济的良性发展。

（四）培养创新创业人才，助力产业发展

为了促进区域产业升级和社会经济发展，应致力于培养创新创业人才，助力产业发展。通过开设创新创业教育课程和项目，引导学生培养创新意识和创业精神。提供创新创业平台和孵化器，支持学生创业项目的孵化和发展。

同时，应鼓励学生参与创新创业竞赛和项目，提供创新创业资金和资源支持，帮助他们实现创业梦想并推动产业发展。

第二节　产业学院的环境保护与资源节约

一、加强环境教育，提高环保意识

（一）开展环保宣传教育活动

为了提高师生的环保意识和培养他们的环境保护习惯，产业学院将定期举办环保宣传教育活动。这些活动可以包括宣讲会、讲座、主题班会等形式。

在宣传教育活动中，应重点向师生普及环保知识和案例，通过具体的实例和数据向他们展示环境问题的严重性和影响，引发他们对环保问题的关注和思考。

同时，产业学院还将邀请环境保护专家、学者和从业者来校举办讲座，分享他们的研究成果和实践经验，为师生提供专业的指导和建议。

此外，产业学院还将组织师生参观环保科技企业、环保项目等，让他们深入了解环保科技的重要性和应用前景。

通过这些环保宣传教育活动，产业学院希望能够增强师生的环保意识，促使他们养成良好的环境保护习惯，将环保理念贯彻到日常生活和学习中。

（二）设立环保文化教育基地

为了引导师生深入了解环保科技，激发他们对环保事业的热情与责任感，产业学院将建立环保文化教育基地。

这个基地可以是一个专门的展示馆或实验室，通过展示环保科技成果、介绍环保创新项目等方式，向师生展示环保科技的最新成果和发展趋势。

在基地中，应设计互动体验区域，让师生能够亲自参与环保科技的实践和操作，深入了解环保技术的原理和应用。

此外，基地还可以举办专题讲座、研讨会等活动，吸引更多的专家学者和企业代表参与其中，推动环保科技的交流和合作。

通过建立环保文化教育基地，产业学院希望能够为师生提供一个学习环保知识、了解环保科技的平台，引导他们积极参与环保事业，为实现可持续发展做出贡献。

（三）开设环境保护课程

为了提高师生的环保意识和专业素养，产业学院将在课程设置上增加环保相关的课程。

这些课程可以包括环境科学、资源循环利用、环境监测与评估等，涵盖环保领域的基础理论和实践技能。通过系统性的学习，师生可以深入了解环境问题的形成原法规等内容。

在课程教学中，应注重理论与实践的结合，引导师生运用所学知识解决实际问题。

同时，产业学院还将鼓励师生积极参与环保科研项目，并提供相应的支持和指导。通过科研实践，师生可以深入研究环保领域的前沿问题，提高他们的创新能力和解决问题的能力。

（四）建立环保志愿者队伍

为了增强师生的环保意识和参与环保活动的积极性，产业学院将组建环保志愿者队伍。

这个志愿者队伍可以由学生自愿参加，也可以有老师作为指导和组织者。

志愿者队伍将开展各种形式的环保活动，如清理垃圾、植树造林、宣传活动等。通过亲身参与环保工作，师生可以感受到环保工作的重要性和实际效果，增强他们的环保意识和责任感。

同时，志愿者队伍还可以与社会组织和环保机构合作，参与更大规模的环保活动，发挥师生在环保方面的专业特长和影响力。

通过建立环保志愿者队伍，产业学院希望能够号召更多的师生参与到环保事业中来，形成学校与社会的合力，共同推动环境保护工作的开展。

二、推行绿色校园建设，节约能源和资源

（一）建设节能环保的校园设施

产业学院将在校园建设中注重节能环保。首先，应选择使用节能型灯具和空调系统等设施，以减少能源消耗。节能型灯具采用 LED 技术，能够有效降低能耗，并具有长寿命和高亮度的优点。而在空调系统方面，应采用新一代的节能空调设备，通过智能控制和调节，实现室内温度的舒适同时最大限度地节约能源。

此外，产业学院还将加强能源管理工作，通过合理的能源计量和监控系统，实时监测校园各个区域的能源消耗情况，及时发现和处理能源浪费的问题。同时，产业学院还将推行能源管理制度，加强能源使用的规范和约束，确保能源的合理利用和节约。

（二）倡导绿色出行方式

产业学院将鼓励师生采用绿色出行方式，如步行、骑行、公共交通等，以减少汽车使用量，降低碳排放，改善校园环境。

首先，应提供完善的步行和骑行设施，设置便捷的步行道和自行车停放点，方便师生选择步行和骑行作为校园出行方式。同时，产业学院还将推广共享单

车系统，为师生提供更加便捷的骑行服务，鼓励他们选择绿色出行方式。

其次，应加强公共交通宣传和推广。通过在校园内设置公交车站牌和电子显示屏，提供公交车线路和到站时间等信息，方便师生使用公共交通工具。此外，产业学院还将与当地公交公司合作，争取开通更多方便师生出行的公交线路，提高公交出行的便利性和舒适度。

最后，产业学院还将开展绿色出行主题活动，如骑行比赛、步行活动等，倡导低碳生活方式，提高师生对绿色出行的认识和意识。

通过以上措施，产业学院将倡导师生采用绿色出行方式，减少汽车使用量，降低碳排放，共同营造健康、环保的校园环境。

（三）加强废物分类与资源回收利用

为了减少资源浪费和环境污染，产业学院将加强废物分类管理和资源回收利用工作。

首先，应在校园内设置垃圾分类桶，明确划分可回收物、有害垃圾、厨余垃圾和其他垃圾等不同分类，引导师生正确投放垃圾。同时，产业学院还将加强对垃圾分类的宣传和教育，提高师生的垃圾分类意识。

其次，应开展废品回收行动。通过设立废品回收点，收集可回收的废纸、废塑料、废金属等物资，并进行分类存放和再利用。同时，产业学院还将与当地的废品回收企业合作，确保废品的有效回收和资源的合理利用。

再次，产业学院还将鼓励师生参与废物资源化利用的科研和创新项目，推动废物资源化利用技术的发展和应用。通过科研成果的转化和推广，进一步提高资源回收利用的效率和水平。

通过以上措施，产业学院将加强废物分类与资源回收利用工作，减少资源浪费和环境污染，实现可持续发展的目标。

三、开展环保科研与技术服务

（一）开展环保科研项目

产业学院致力于环保科研项目的开展，鼓励师生积极参与，开展环境监测、废弃物处理、清洁能源等方面的研究工作。

首先，学院将建立科研项目申报和评审制度，鼓励教师和学生提交具有创新性和实用性的环保科研项目。通过科研项目的申报和评审过程，确保项目的科学性和可行性。

其次，学院将提供必要的科研经费和实验设施，为师生的科研工作提供支持和保障。同时，学院还将邀请环保领域的专家学者担任项目的指导教师，提供专业的指导和支持。

最后，学院将组织相关的讨论和研讨会，促进师生之间的学术交流和合作。同时，学院还会鼓励师生发表科研论文和参加学术会议，扩大科研成果的影响力和可见度。

通过开展环保科研项目，产业学院旨在为环保事业提供科学依据和技术支持，推动环境保护工作的发展和创新。

（二）推进环境保护技术创新

为了提高环境保护的效率和水平，产业学院将着力推进环境保护技术的创新工作。

首先，学院将鼓励师生进行环保技术研发和创新。通过设立专项资金和奖励机制，激励教师和学生在环保技术领域进行创新性研究，提出解决方案并实施实践。

其次，学院将加强与企业和行业的合作，开展联合研发项目，共同探索新的环保技术和解决方案。通过与实际应用场景的结合，推动环保技术的转化和落地，提高技术创新的实际效果和社会价值。

最后，学院还将加强对环保技术的前沿研究和趋势分析，及时了解全球环保技术的最新进展，引导师生关注和参与到国际环保技术创新的领域中。

通过推进环境保护技术创新，产业学院旨在提高环境保护的科技含量和实际效果，为推动绿色发展和可持续发展做出贡献。

（三）提供环保技术服务

产业学院将为企事业单位提供环保技术咨询、评估、改造等服务，帮助他们实施环保项目，提高环境管理水平。

学院将组建专业的环保技术团队，聚集行业的专家和顶尖人才，提供针对性的环保技术服务。通过对企事业单位的环保现状进行评估和分析，为他们制定可行的环保改造方案，提供技术咨询和指导。

此外，学院还将与企事业单位开展联合研究和合作项目，共同解决环保技术和管理上的难题。通过实施技术改造和创新，提高企事业单位的环境管理水平和资源利用效率。

通过提供环保技术服务，产业学院旨在为企事业单位提供专业的环保支持，共同促进环保工作的开展和可持续发展的实现。

（四）加强学生实践培训

产业学院将加强学生的环保实践培训，通过组织参观考察、实习实训等形式，使学生在实践中掌握环保技能和经验，为将来从事环保工作做好准备。

学院将与相关企业、机构合作，邀请他们为学生提供实践机会和岗位培训，使学生能够深入了解环保行业的工作内容和技能要求。

同时，学院还将组织学生参加环保项目的实际操作，让他们亲自参与环保活动，锻炼解决问题和团队协作的能力。通过实践培训，学生可以将在课堂上学到的知识运用于实际工作中，提高他们的实践能力和专业素养。

通过加强学生实践培训，产业学院旨在培养具有实践能力和创新精神的优秀环保人才，为社会的环保事业输送更多有实践经验的专业人才。

第三节　产业学院的可持续发展战略与实践

一、制定可持续发展规划与政策

（一）明确可持续发展目标

在制定可持续发展规划时，产业学院将明确以下可持续发展的目标。

1.教育和研究方面

注重培养学生对可持续发展的认识和意识，通过课程设置和教育活动，提高学生的环境保护意识和可持续发展的素养。同时，加强相关学科的研究和创新，推动可持续发展理论与实践的深入研究，为社会和产业的可持续发展提供理论支持和科技支撑。

2.管理和运营方面

提高资源利用效率，采取节能减排措施，减少对自然环境的负面影响。建立环境管理体系，确保学院的各项运营活动符合环保要求，注重环境风险的预防和控制。并通过推广绿色采购、循环经济等措施，积极推动可持续发展理念在学院的管理和运营中得到实际应用。

3.社会责任和公益活动

鼓励师生积极参与社会公益活动，投身于社会责任实践。通过开展环保、扶贫、教育支持等社会公益项目，传递可持续发展的理念与价值观，引导师生关注社会问题，推动社区和社会的可持续发展。

（二）建立全员参与机制

为了实现可持续发展目标，产业学院将建立全员参与的机制，确保每个成员都能参与到可持续发展工作中来。具体措施如下。

1.设立可持续发展委员会或小组

成立专门的可持续发展委员会或小组，由教职工代表、学生代表和管理人员组成，负责协调和推动可持续发展工作。该委员会或小组将定期召开会议，听取各方面的意见和建议，并将其纳入决策和实施过程中。

2.征求意见与建议

定期组织座谈会、调查问卷等形式，广泛征求师生员工对可持续发展工作的意见和建议。重视大家的声音，鼓励创新和提出改进建议，让每个人都有机会参与和影响可持续发展的决策和实施过程。

3.宣传和培训

通过各种形式的宣传和培训活动,提高师生员工的可持续发展意识和素养。开展相关知识普及和技能培训，加强对可持续发展理念和实践的传播，促进全员的参与和行动。

（三）制订具体实施计划

为了实现可持续发展目标，产业学院将制订具体的实施计划，并确保计划的有效落地。具体措施如下。

1.资源节约与环境保护措施

在校园建设和运营中，采取一系列节能减排措施，如优化能源利用、推广可再生能源应用等，降低能耗和碳排放。同时，加强水资源管理，推行水资源的循环利用和节约使用。此外，还将加强土地资源的合理利用和保护，确保校园的绿化和生态环境。

2.鼓励创新与创业教育的推进计划

支持学生创新创业项目，鼓励他们在可持续发展领域进行创新研究和实践。组织创新创业大赛、创业导师指导、创新项目孵化等活动，为学生提供创新创业的平台和支持，培养创新人才。

3.社会责任与公益活动的安排

组织各种社会责任和公益活动，如环保宣传活动、义务劳动、社区服务等。通过参与这些活动，师生员工将了解社会问题，增强社会责任感，并通过实际行动推动社会的可持续发展。

（四）建立监测与评估体系

产业学院将建立全面的监测与评估体系，以确保可持续发展规划的有效实施。具体措施包如下。

1.制定监测指标

根据可持续发展目标，制定相应的监测指标，例如能耗指标、碳排放指标、资源利用效率指标等。通过定期收集和分析相关数据，评估可持续发展目标的达成情况。

2.定期评估与报告

定期对可持续发展目标进行评估，分析目标的达成情况和存在的问题，及时调整和改进相应的措施。评估报告将被呈报给相关决策者和利益相关方，以促进透明度和责任。

3.持续改进与调整

根据评估结果，产业学院将及时调整和改进可持续发展措施和计划。通过总结经验教训，找出不足之处，并提出具体的改进措施，以确保可持续发展战略的顺利实施和不断完善。

4.跟踪和倡导

建立一个定期跟踪可持续发展进展的机制，监督和记录可持续发展行动的执行情况。同时，积极倡导可持续发展理念，与其他学院、行业组织和社会机构分享可持续发展经验和最佳实践，推动可持续发展在更广泛的范围内得到关注和实施。

二、推进产学研合作，促进产业可持续发展

（一）建立产学研合作平台

产业学院与相关企业、研究机构建立产学研合作平台，可以实现资源共享、知识交流和技术创新。为了有效推动产业的可持续发展，可以采取以下具体措施。

1.开展联合研究项目

学院与企业、研究机构进行合作，共同开展前沿技术研究，解决产业面临的难题。研究团队可以共同制定研究方案、共享实验设备和数据资源，提高研究效率和质量。

2.技术转移与应用

学院可以将自身在可持续发展领域的研究成果通过技术转移或技术应用的方式向企业推广。通过培训、技术咨询等形式，帮助企业将科研成果转化为实际应用，提升产业的可持续发展水平。

3.共建实验室和工程中心

学院与企业共建实验室和工程中心，提供实验设备和场地支持，共同开展研究和技术开发。这不仅能够加强学院与企业之间的合作，还能够为学生提供更多的实践机会和就业岗位。

4.人才培养和交流

学院与企业建立人才培养和交流机制，共同培养具有可持续发展背景和技能的专业人才。可以开展实习、就业指导和校企合作项目，将理论知识与实际工作相结合，培养学生的实践能力和创新精神。

通过建立产学研合作平台，产业学院可以与企业、研究机构等共同推动技

术创新和产业转型升级，为产业的可持续发展提供强有力的支持。

（二）开展创新型实践教育

产业学院通过开展创新型实践教育，将学生引入真实的产业项目中，培养他们的创新能力和实践能力。具体的举措如下：

1.产业项目合作

学院与相关产业园区或企业合作，将学生组织成团队参与具体的产业项目。学生可以在实际工作环境中学习和实践，锻炼解决实际问题的能力。

2.创新实验室建设

学院建立创新实验室，提供学生进行实践和创新的场所。实验室配备先进的设备和工具，支持学生进行科学研究、技术开发和创新创业。

3.创新创业培训

学院组织创新创业培训课程，包括创新思维培养、商业模式设计、市场调研等内容。通过培训，提高学生的创新创业意识和能力，培养他们成为未来产业的领军人才。

4.创新竞赛和展览

学院组织学生参加各种创新竞赛和展览活动，为学生提供展示和交流的平台。通过参与竞赛和展览，激发学生的创新潜能，提高他们的专业素养和综合能力。

通过创新型实践教育，产业学院可以培养出具有创新能力和实践经验的专业人才，为产业的可持续发展注入新的活力和动力。

（三）共享资源与信息

产业学院与相关产业园区或企业建立信息共享机制，共享各自的资源和信息。具体措施如下。

1.建立信息平台

学院与产业园区或企业合作建立信息交流平台，共享各自的资源和信息。平台可以涵盖技术资料、市场信息、行业动态等内容，方便双方及时获取最新的信息。

2.资源互补共享

学院与企业开展资源互补共享，如设备共享、人才共享等。通过共享资源，可以提高资源的利用效率，减少资源浪费，实现资源的循环利用。

3.信息交流与合作

学院与企业定期组织信息交流会议、研讨会等活动，加强双方之间的沟通和合作。可以邀请专家学者举办讲座和进行交流，促进学术和技术的交流与合作。

通过共享资源和信息，学院与企业可以形成合力，共同推动产业的可持续发展，实现资源优化配置和产业链的协同发展。

三、培养与推广可持续发展理念与技术

（一）融入课程体系

为了培养学生的可持续发展意识和能力，产业学院将可持续发展的理念和技术融入各类课程中，并开设相关的专业课程。

首先，学院将对现有课程进行调整和优化，将可持续发展的内容嵌入到相关学科中。例如，在环境科学课程中增加可持续发展的理论和案例分析，或者在工程管理课程中引入可持续发展的项目管理和评估方法等。通过这种方式，学生可以在学习专业知识的同时，了解到可持续发展的重要性和实践方法。

其次，学院将开设专门的可持续发展课程，包括可持续发展原理、政策与法规、环境保护技术等方面的内容。这些课程将系统地介绍可持续发展的基本概念和理论，培养学生的全面素质和专业能力。

再次，学院还将鼓励学生参与跨学科的可持续发展项目，并开设相关的实践课程。例如，学生可以参与社区环境改善项目，通过调查研究和方案设计，提出可持续发展的解决方案。通过实践项目，学生可以加深对可持续发展理念和技术的理解，并培养实际操作和团队合作的能力与意识。

通过将可持续发展融入课程体系，产业学院旨在培养具有可持续发展意识和专业能力的优秀人才，为社会的可持续发展做出贡献。

（二）推广实践项目

为了加深学生对可持续发展的理解和应用能力，产业学院将组织学生参与各类可持续发展的实践项目，如社区环境改善、能源节约与管理等。

首先，学院将与相关社区和机构合作，开展社区环境改善项目。学生可以

通过调查研究和实地考察，了解社区环境问题，并提出可持续发展的解决方案。例如，改善垃圾分类和处理系统，推动可再生能源的利用等。通过实践项目的推广，学生可以直接参与解决现实问题，提高可持续发展的实际效果和影响力。

其次，学院将鼓励学生参与能源节约与管理的实践项目。学生可以选择在学校或企业进行能源使用情况的调研和分析，提出节能减排的措施和方案。通过实践项目的推广，学生可以深入了解能源管理的重要性和技术方法，培养节约资源和环保意识。

再次，学院还将与相关企业和机构合作开展其他可持续发展的实践项目，如绿色建筑设计、环境保护活动等。通过实践项目的参与，学生可以将所学知识应用于实际工作中，提高解决问题和团队合作的能力。

通过推广实践项目，产业学院旨在培养学生的实践能力和创新精神，使他们能够在可持续发展领域做出贡献并成为可持续发展的推动者。

（三）开展研究与创新

为了为产业的可持续发展提供理论支持和技术保障，产业学院将加强对可持续发展领域的研究与创新工作。

首先，学院将设立专门的研究机构或研究团队，集聚学院内外的专家学者和研究人员，形成技术创新的合作平台。通过团队合作和专业研究，学院将深入探索可持续发展的理论和实践问题，并提出具有创新性和可操作性的解决方案。

其次，学院将加强与企事业单位的合作研究。通过与实际应用场景的结合，学院可以了解产业的需求和问题，并将研究成果转化为实际项目，为产业的可持续发展提供技术支持和创新方案。例如，针对某一行业的环境污染问题，学院可以与相关企业合作开展研究，提出环境治理和改善的技术路线图。

再次，学院还将鼓励师生开展创新性的研究项目。通过设立科研基金和奖励机制，激励教师和学生在可持续发展领域进行创新性研究，推动可持续发展的技术创新和应用。

第十四章 高等职业院校产业学院未来的发展趋势与展望

第一节 产业学院面临的挑战与机遇

一、适应经济社会发展的快速变化

（一）科技创新与产业转型

科技的快速发展和产业结构的调整给产业学院带来了适应科技创新和产业转型的挑战。新兴技术的出现和应用给企业带来了新的发展机遇，同时也对人才培养提出了更高的要求。产业学院需要密切关注前沿科技的发展趋势，及时调整专业设置和课程体系，培养适应科技创新和产业转型需求的高素质人才。

科技创新与产业转型也带来了机遇。学院可以主动与企业和科研机构合作，共同开展科技研发和技术转移，将科研成果应用到实际生产中。通过校企合作项目和科技创新培训，学院可以为学生提供更多的实践机会和就业选择。

（二）国际竞争与合作

全球化发展趋势下，各国之间的竞争与合作更加紧密。产业学院面临来自国际市场的竞争压力，不仅需要提升教学质量和水平，还需要拓宽与国际合作伙伴的交流渠道，开展更多的合作项目和交流活动，培养具有国际视野和跨文化交流能力的人才。

国际竞争与合作也带来了机遇。通过与国外高校和企业的合作，学院可以借鉴其先进的教学理念和经验，提升教育水平和教学质量。同时，国际合作还可以拓展学院的国际交流渠道和合作伙伴，为学生提供更广阔的就业和发展机会。

（三）人工智能与人才培养

人工智能的快速发展对人才培养提出了新的挑战。产业学院需要在课程设置和教学方法上创新，培养具有人工智能技术与应用能力的高级人才。同时，人工智能也为产业学院提供了机遇，可以利用人工智能技术改进教育教学过程，提升教学效果和学生学习体验。

学院可以开设与人工智能相关的专业课程，注重培养学生的机器学习、深度学习、自然语言处理等技术能力。此外，学院还可以通过与人工智能企业的合作，开展实践项目和实习，让学生深入了解人工智能技术在实际应用中的挑战和机遇。

（四）人才培养模式的变革

传统的人才培养模式已经越来越难以适应经济社会发展的需求。产业学院需要转变培养模式，注重培养学生的实践能力、创新能力和团队合作精神，构建项目驱动的教学模式。通过项目驱动的教学，学生可以在真实的项目中进行实践，培养解决实际问题的能力，增强就业竞争力。

学院可以开设项目课程，让学生参与真实的项目实践，锻炼解决问题的能力。同时，学院还可以与相关企业合作，共同开展校企合作项目，为学生提供更多的实践机会和专业培训。

人才培养模式的变革也为学院带来了机遇。通过与企业的深度合作，学院可以将企业需求纳入培养计划，提供定制化的人才培养方案，增加学生就业机会和竞争力。

二、满足人才培养对多样化需求的要求

（一）面向全球化人才需求的培养

随着经济全球化的深入发展，企业对具有国际视野和跨文化交流能力的人才的需求不断增加。产业学院需要加强国际交流与合作，引进国外优质教育资源，拓宽学生的国际化视野，培养具有全球竞争力的人才。

为了满足全球化人才需求，产业学院可以采取以下措施。

1.加强国际合作与交流

与国外优秀的大学、研究机构建立合作关系，开展学生交换项目和联合培养计划，提供学生参与国际实习和研修的机会，提高学生的国际交流和跨文化沟通能力。

2.引进国外优质教育资源

聘请国外知名教授或专家担任客座教授，开设国际化课程，借鉴国外先进的教育理念和教学方法，促进学生的综合素质和国际竞争力的提升。

3.推动学生参与国际竞赛与项目

鼓励学生参加国际性竞赛，如国际创新创业大赛、国际技能大赛等，提高学生的创新能力和团队合作精神，在与国际同行的交流与竞争中锻炼自己。

4.拓宽就业渠道

与国外企业和组织建立合作关系，提供留学生实习和就业机会，为学生提供更多选择和发展空间，增强他们在国际市场竞争中的优势。

（二）适应多元化技能需求

随着产业结构的不断调整和科技发展的快速变化，企业对人才的技能要求也在不断变化。产业学院需要根据市场需求和行业发展动态，及时调整专业设置和课程体系，培养具有多元化技能和综合素质的人才。

为了适应多元化技能需求，产业学院可以采取以下措施。

1.建立灵活的课程设置

根据市场需求和行业发展趋势，及时调整专业设置和课程内容，引入新兴技术和热门领域的知识，培养学生具备新的技能和知识储备。

2.提供综合素质培养课程

开设通识教育和综合素质培养课程，注重学生的创造力、沟通能力、领导能力等综合素质的培养，提高学生的综合能力和适应能力。

3.强化实践教学环节

加强实验、实训和实习环节，提供学生在实际工作场景中锻炼技能的机会，培养学生解决实际问题的能力和实践操作能力。

4.鼓励创新创业意识

开设创新创业教育课程，鼓励学生积极创新，培养他们的创新思维和创业精神，为他们提供创业支持和创新资源。

（三）注重职业素养的培养

随着企业对人才综合素质要求的提高，产业学院需要更加注重职业素养和道德伦理的培养。通过开展职业道德教育、社会实践活动和实习实训等形式，培养学生的职业操守、责任心和团队合作精神，提升他们的综合素质和就业竞争力。

为了注重职业素养的培养，产业学院可以采取以下措施：

1.开设职业道德教育课程

设置职业伦理、职业规范等课程，引导学生树立正确的职业道德观念，提高他们的职业操守和道德素养。

2.强化社会实践活动

组织学生参与社会实践活动，如志愿服务、社区调研等，让学生了解社会需求和问题，培养他们的责任心和社会担当。

3.提供实习实训机会

与企业建立紧密合作关系，为学生提供实习和实训机会，让他们在真实工作环境中锻炼职业技能和工作能力。

4.培养团队合作精神

通过开展团队项目、合作实验等形式，促进学生的团队合作意识和沟通协作能力，培养他们的团队合作精神。

第二节　产业学院未来发展的重点与方向

一、加强与企业和行业的深度合作

（一）建立产业学院—企业合作基地

产业学院与企业建立长期合作关系，并共同建立产业学院—企业合作基地，是促进产学研合作的重要举措。该基地将提供实践教学场所、实训设施和创新研发平台，为学生提供更真实的实践环境和机会，同时也为企业提供人才培养和技术创新的支持。

产业学院—企业合作基地可以建立在学院校园内或企业现有的设施中，以便学生能够近距离接触实际产业环境。基地需要配备先进的设备和工具，以满足学生的实训需求。同时，基地应当设有专门的导师团队，由企业的技术专家和学院的教师组成，共同指导学生的实践活动。

基地的建立将促进学院与企业之间的深度交流和合作。学院可以邀请企业的代表来校园举办讲座和技术培训，向学生介绍实际工作经验和行业发展动态。企业代表还可以参与学生的项目评审和毕业设计，提供专业指导和意见。通过这种方式，学院和企业之间的联系将更加紧密，为双方提供更多合作机会。

此外，产业学院—企业合作基地还可以成为学院的重要窗口，向社会展示学院的教学成果和科研成果。学院可以组织开放日、展览会等活动，邀请企业代表和公众参观基地，了解学院的教学和研究情况，增加学院的影响力和知名度。

（二）开展项目合作

产业学院与企业之间可以开展具体的项目合作，以实现共同的目标。这些项目合作可以包括共同研发、技术转移、产品设计等方面，涉及学院所涵盖的各个专业领域。

通过与企业的项目合作，学院能够深入了解企业的需求和行业的发展趋势，有效调整教学内容和培养方案，使学生的技能和知识更贴近实际应用。同时，项目合作也为学生提供了锻炼和实践的机会，培养其创新能力、协作能力和解决问题的能力。在项目过程中，学生将与企业的专业人员一起工作，了解并应用企业的先进技术和管理经验，提高自身的职业素养和能力。

项目合作还可以促进产学研合作，实现技术创新和产业升级。通过与企业合作研发，学院能够将科研成果转化为实际应用，推动技术的商业化和市场化。同时，学院的科研能力和技术实力也将得到提升，为产业发展提供更多支持和解决方案。

（三）建立实习实训基地

产业学院可以与企业合作建立实习实训基地，为学生提供实习机会和实践经验。实习实训基地可以设立在企业内部或学院校园内，并配备相应的教学设施和导师团队。

通过在实习实训基地进行实习，学生能够亲身体验企业的运作方式和行业的实际情况。他们将参与实际工作项目，面对真实的工作环境和挑战，提升自己的专业能力和职业素养。同时，学生还有机会与企业员工进行交流和合作，了解企业的管理经验和职业发展路径，促进就业竞争力的提升。

建立实习实训基地还能够帮助企业培养人才，筛选优秀的学生作为潜在员工。通过与学院合作，企业能够更加了解学生的实际能力和潜力，为自己的发展储备人才。同时，企业的专业人员也可以担任学生的导师，指导他们的实习工作并传授实践经验，促进双方的交流和互动。

（四）共同开展科研项目

产业学院可以与企业共同申请科研项目，并开展合作研究。通过科研项目的合作，学院能够充分发挥自身的优势和专业特长，为企业解决实际问题，推动技术创新和产业发展。

在科研项目的合作中，学院可以为企业提供相关领域的专业知识和技术支持。学院的教师和科研人员可以参与项目的研究和开发工作，为企业解决技术难题，提供解决方案。通过与企业的科研合作，学院能够不断拓展自身的科研领域，并在实践中积累宝贵的经验和技术能力。与此同时，企业也能够借助学院的专业力量，推动自身的创新发展，解决实际问题并提高竞争力。

共同开展科研项目还能够促进产学研合作的深度融合。通过与企业的紧密合作，学院能够更好地了解产业的需求和趋势，调整自身的研究方向和重点，使科研成果更具现实应用价值。同时，企业也能够从学院的科研成果中获益，实现技术引进和转化，推动产业的升级和发展。

在共同开展科研项目时，学院和企业可以建立科研团队，由学院的科研人员和企业的技术专家组成。团队成员可以进行经常性的沟通和交流，共同制定研究计划和目标，确定实施步骤和时间表。通过团队合作，学院和企业可以充分发挥各自的优势，形成良好的合作氛围和研究环境。

为了保证科研项目的顺利进行，学院和企业可以共同申请科研经费，并明确项目的管理和责任分工。项目管理团队可以制订详细的项目计划和实施方案，监督项目进展并及时解决可能出现的问题。同时，学院和企业也应当密切关注项目的成果转化和推广，将研究成果应用到实际生产中，为企业的发展带来实质性的影响。

二、拓宽国际交流与合作的渠道

（一）建立国际合作机构

产业学院可以积极与海外高校、研究机构等建立稳定的合作关系，开展学术交流、联合科研项目等合作活动，以提升学院的教学和科研水平，并引进先进的教育理念和技术。

首先，学院可以与海外高校签订合作协议，建立合作机制。通过与海外高校的合作，学院能够共享各自的教育资源和优势学科，促进师资互访和学术交流。双方可以建立共同的科研项目，共同申请国际合作项目资助，推动科研成果的共享和转化。

其次，学院可以与海外研究机构建立合作关系。通过合作研究项目，共同解决行业和社会面临的重大问题，推动学术研究的创新发展。同时，学院还可以积极参与国际学术会议和研讨会，增加学院在国际学术界的知名度和影响力。

再次，学院还可以鼓励教师和研究生参与国际学术交流和合作。例如，支持教师和研究生申请海外访学项目、参加国际会议或进行合作研究，提升他们的国际学术视野和研究能力。

（二）推动学生交流项目

产业学院可以与海外高校开展学生交流项目，例如学生互换和暑期学校等，以促进学生之间的交流与合作，培养学生的国际化视野和跨文化沟通能力。

首先，学院可以与海外高校签订学生交流协议，确定双方学生交流的具体内容和方式。通过学生互换项目，学院可以派遣学生赴海外高校学习一段时间，与当地学生进行学习和生活的交流，增进彼此的了解和友谊。同时，学院也可以接纳海外高校的学生来校学习，提供良好的学习和生活环境，促进他们对中国文化的了解和体验。

其次，学院可以组织暑期学校项目，邀请海外学生来校参加暑期学习班。通过精心设计的课程和活动，让学生近距离感受中国的社会文化、经济发展和科技创新等方面的特点，加深他们对中国的认知和了解。

再次，学院还可以开设国际化课程，引入国际教材和案例，增加培养学生跨文化沟通能力的机会。通过与海外高校的合作，学院可以举办联合开设的课程，组织线上线下的互动学习活动，打破地域限制，提升学生的国际竞争力。

（三）吸引国际学生来校学习

产业学院可以积极开展国际学生招收工作,吸引优秀的国际学生来校学习。通过招收国际学生，学院能够促进多元文化的融合和交流，提升学院的国际化水平。

首先，学院可以加强对国际学生的宣传和推广工作。通过建立国际学生招生网站、参与教育展览和招生会议等活动，向国际学生介绍学院的特色和优势，吸引他们选择来校学习。

其次，学院可以优化国际学生的招生政策和程序。例如，简化申请流程，提供在线申请系统，加快审批和录取过程，方便国际学生顺利入学。同时，学院还可以考虑设立奖学金和助学金，鼓励优秀的国际学生来校学习。

再次，学院还需要为国际学生提供良好的学习和生活环境。例如，设立国际学生事务办公室，提供专门的服务和支持，解决国际学生在签证、住宿、生活和学习方面的问题。学院还可以组织国际学生交流活动，促进国际学生之间的交流与合作，增进他们对中国文化的了解和认知。

三、推行项目驱动的教学模式

（一）制订项目驱动教学计划

产业学院可以制订项目驱动的教学计划,以项目作为学生学习的核心内容。通过项目课程的开设，能够激发学生的学习兴趣和动力，培养学生的综合能力和解决问题的能力。

在制订项目驱动教学计划时，产业学院可以考虑以下几个方面：

1.项目选择

根据学院专业的特点和学生的需求，选择符合实践性和应用性要求的项目。可以结合当前行业的热点和企业的真实需求，确定适合学生参与的项目。

2.项目设计

在项目设计上，产业学院可以注重培养学生的实际操作能力和解决问题的能力。项目设计应该具有一定的难度和挑战性，能够锻炼学生的团队合作、创新思维和实践能力。

3.教学方法

在教学方法上，产业学院可以采用问题导向的教学方法。通过引导学生提出问题、寻找解决方案，并进行实际操作和实践验证，培养学生的问题解决能力和实践能力。

4.跟踪指导

在项目驱动教学过程中，产业学院可以安排指导老师进行跟踪指导。指导老师可以及时解答学生在项目实施过程中遇到的问题，提供必要的指导和支持。

通过制订项目驱动的教学计划，产业学院能够将理论知识与实践相结合，提高学生的综合素质和实际应用能力，在校园内培养具有市场竞争力的专业人才。

（二）提供多层次的项目选择

为适应不同学生的需求和专业背景，产业学院可以提供多层次的项目选择。这样能够让学生根据自身情况选择适合的项目，并逐步提升项目的难度和复杂度。

在提供多层次的项目选择时，产业学院可以考虑以下几个方面：

1.项目分类

根据学生的专业背景和兴趣领域，将项目进行分类。例如，可以分为科学研究项目、工程设计项目、软件开发项目等，让学生能够选择符合自身专业发展方向的项目。

2.项目级别

可以根据项目的难度和复杂度设定不同的级别。例如，可以设定基础项目、中级项目和高级项目等级别，供学生根据自身能力和学业进展选择。

3.项目导师

为学生提供专业的指导，可以邀请相关行业的专家或企业的技术人员担任项目导师，指导学生完成项目。导师可以根据学生的实际情况，提供个性化的指导和支持。

通过提供多层次的项目选择，产业学院能够满足学生的个性化需求，让学生有更多的机会选择符合自身兴趣和专业发展方向的项目，提高学生的参与度和学习积极性。

（三）开展实践实训活动

产业学院可以开展各种形式的实践实训活动，让学生在真实的场景中进行实践操作。这样能够让学生亲身参与和体验真实的产业环境，培养实际操作能力和解决问题的能力。

在开展实践实训活动时，产业学院可以考虑以下几个方面：

1.企业参观和实地考察

组织学生参观企业和实地考察，让学生了解企业的生产流程、管理模式和技术应用。通过实地考察，学生能够直观地感受到企业的运作和现实问题，增加对产业的了解。

2.竞赛和挑战活动

组织学生参加各类竞赛和挑战活动,让学生在比赛中锻炼技能和实践能力。竞赛和挑战活动可以提高学生的团队合作、创新思维和解决问题的能力。

3.创新创业项目

鼓励学生参与创新创业项目，提供创业培训和支持。通过创新创业项目，学生能够将所学知识应用到实际创业项目中，锻炼创新意识和实践能力。

通过开展实践实训活动，产业学院能够让学生更好地了解产业环境、提高实际操作能力，并为学生提供与企业合作的机会，促进产学研深度融合，培养具有市场竞争力的专业人才。

四、加强信息化技术在教育中的应用

（一）建设现代化的数字化教学平台

产业学院可以建设现代化的数字化教学平台，提供全方位的在线学习资源和教学工具。这个平台应该具备以下几个特点。

1.多媒体教学资源

数字化教学平台应提供丰富的多媒体教学资源，包括教学视频、动画、音频等，以便学生更直观地理解和吸收知识。学院可以与教育机构、企业合作，共享教育资源，并通过自主开发的方式制作专业、优质的教学内容。

2.个性化学习

数字化教学平台应支持个性化学习，根据学生的不同需求和学习进度，提供针对性的学习材料和学习计划。学院可以通过智能算法和数据分析，为学生推荐适合他们的学习资源，帮助他们更高效地学习。

3.在线作业和评估

数字化教学平台应该支持在线作业提交和评估。学生可以通过平台提交作业，并获得及时的反馈和评估结果。教师可以通过平台进行作业的批改和评分，为学生提供个性化的学习建议和指导。

4.互动和讨论

数字化教学平台应该提供互动和讨论的功能，学生可以在平台上与教师和同学进行在线讨论。学院可以组织在线讲座、研讨会等活动，促进学生之间的交流与合作，增强他们的学术能力和创新思维。

（二）推广远程教育模式

产业学院可以积极推广远程教育模式，通过互联网和信息技术手段，实现在线教学。具体措施如下：

1.开设在线课程

学院可以开设一些与产业相关的在线课程，通过视频直播、录播等方式向学生提供高质量的教学内容。学院要注重教师的培训和技术支持，确保在线课程的教学效果和质量。

2.远程实践活动

学院可以组织远程实践活动，以期让学生在实践中学习，培养实际操作和解决问题的能力。这些活动可以通过在线实验、虚拟实训等形式进行，扩大学生的实践机会。

3.远程考试和评估

学院可以通过远程考试和评估的方式，对学生的学习成果进行评估。远程考试可以采用在线考试系统，确保考试的公平性和安全性。

4.学分互认机制

学院可以与其他高校建立学分互认机制，让学生可以在不同的学校间进行跨校选课和学分转换。这样，学院的学生可以通过远程教育模式获得其他高校的优质教育资源。

（三）开发在线实验平台

产业学院可以开发在线实验平台，为学生提供虚拟化实验环境和实验设备。具体措施如下：

1.虚拟实验平台

学院可以开发虚拟实验平台，提供各种专业实验的虚拟化环境。学生可以通过平台进行实验操作，观察实验现象，收集和分析数据，并学习实验原理和方法。

2.远程实验设备

学院可以与各大研究院所、企业合作，共享他们的实验设备。通过远程控制技术，学生可以远程操作实验设备，进行实验操作和数据采集。这样，学院可以节约实验设备的投资和维护成本，同时为学生提供更多实验机会。

3.实验教学资源共享

学院可以与其他高校、企业合作，共享实验教学资源。学院可以向其他机构提供自己的实验教学资源，同时获取其他机构的实验教学资源，丰富学生的实验知识。

参考文献

[1]邢晖,曹润平,戴启培.高职院校产业学院现状调研与思考建议[J].国家教育行政学院学报,2022(9):20-29.

[2]王屹,张雪翠.高职院校高质量产业学院创设的理论之思、生成逻辑与实践路径[J].现代教育管理,2022(10):74-81.

[3]郑元丰,高艳飞.新时代高职产业学院建设存在的问题及发展对策[J].教育教学论坛,2022(39):45-48.

[4]李修珍.产教融合视域下高职现代产业学院运行模式及实施路径研究[J].科教文汇,2022(22):10-13.

[5]汪武芽.基于产业学院的高职"工匠型"教师专业化发展路径研究[J].职业教育研究,2022(10):75-80.

[6]梅雪峰,李兵.高职院校产业学院的产教融合路径[J].机械职业教育,2022(9):39-42.

[7]程建伟,龚娟.混合制产业学院校企"五共建"协同育人实证研究[J].杨凌职业技术学院学报,2022,21(4):42-46.

[8]梁晓军.产业学院视域下高职院校"双创"教育改革探析[J].九江职业技术学院学报,2022(3):76-81.

[9]费旭明,冯霞敏.共生理论视域下产业学院校企协同育人共同体建设[J].江苏教育,2022(92):20-23.

[10]仲静静,高会娟,徐娜.基于产教融合的高职产业学院建设[J].山西青年,2022(21):30-32.

[11]华秋红.高职数智产业学院建设研究[J].合作经济与科技,2022(17):95-97.

[12]吕鹰飞,孔德玥.产业学院建设对推进高等职业教育改革的作用研究[J].长春师范大学学报,2022,41(7):103-106.

[13]桑佳佳.高职院校产业学院建设的现实困境及对策[J].安徽水利水电职业技术学院学报,2022,22(3):50-53.

[14]朱轩,崔晓慧.高职产业学院现代学徒制"双主体"育人模式的"建"与"践"——以常州机电职业技术学院为例[J].机械职业教育,2022(8):39-44.

[15]马少雄,田庆,杨宫印,等.产业学院视域下高职院校科技服务平台建设模式探索与实践[J].科技风,2022(23):143-145.

[16]张伟.民办高职院校产业学院师资队伍建设实践探索[J].广东职业技术教育与研究,2022(4):177-180.

[17]薄璐.高职院校现代产业学院校企合作课程开发模式研究与实践[J].陕西教育(高教),2022(11):65-67.

[18]韩韬,张俊勇.现代产业学院背景下高职"双师型"教师标准体系的研究与实践[J].教育信息化论坛,2023(4):33-35.

[19]钟晓霞,吴耀华,姜坤,等.产教融合背景下高职烹饪类特色产业学院的发展探讨[J].现代食品,2022,28(14):114-117.

[20]陆剑.产业学院视域下电子商务专业群建设实践探索——以某民办高职学院为例[J].质量与市场,2022(16):58-60.

[21]谢芷欣,龚兰芳.高职产业学院治理逻辑与路径[J].高教论坛,2022(9):78-80.

[22]赵珊珊.产教融合背景下高职产业学院建设路径探究[J].辽宁师专学报(社会科学版),2022(5):122-124,136.

[23]朱朋,郝志刚,李虹飞.高职院校产业学院内涵特色发展路径研究——以天津职业大学为例[J].武汉职业技术学院学报,2022,21(5):55-60.

[24]丁晓东,吴奕,赵峰松.高职院校会计专业产业学院建设路径研究[J].山西青年,2023(17):111-113.

[25]朱邦辉,吴同华,杨健.高职院校产业学院建设探索——以长沙环境保护职业技术学院智慧环保产业学院为例[J].湖南教育(C版),2023(1):41-42.